WJS CORSO

WJS

Brigitte Seebacher-Brandt

Die Linke und die Einheit

CORSO bei Siedler

Inhalt

Einführung

Im Buch der deutschen Einheit hat die Linke, die Sozialdemokratie einschließend, ein Unterkapitel geschrieben. Es lockt zur Deutung, seit sich die Deutschen unter einem staatlichen Dach zusammengefunden und die praktischen Probleme die prinzipiellen Fragen überlagert haben. Die Völker Europas, darunter das deutsche, erfahren Freiheit und gebrauchen sie; daß die Deutschen ihrer nationalen Zusammengehörigkeit Ausdruck verleihen, ist die Folge von Freiheit. Kann Zufall sein oder eine unglückliche Konstellation subjektiver und objektiver Faktoren, wenn ein solches Ereignis verkannt und auch im nachhinein nicht gewürdigt wird?

Man denkt zurück an die Ära sozialdemokratischer Regierungsverantwortung und die Ostpolitik und daran, daß das Erbe nicht getragen hat. Liegt der Fehlbeurteilung der Jahre 1989/90 jene Schwierigkeit zugrunde, die die Linke im Umgang mit der Wirklichkeit immer schon hatte und die in jener Zwischenzeit aufgehoben schien? Und was lehrt die Suche nach dem Ort, den die Sozialdemokratie innerhalb der Linken einnimmt? Schüttelte sie nicht ihre linke Identität ab, als sie den Weg in die Verantwortung beschritt? Wurde gerade dadurch die Gegenbewegung ausgelöst? Man denkt weiter zurück an den Widerstand der Linken, den aktiven und den passiven, und an das nationale Pathos der Nachkriegszeit und kommt nicht umhin, nach den langen Linien zu fragen, die sich hindurchziehen durch die nun fast anderthalb Jahrhunderte währende Geschichte der deutschen Linken. Sind sie so stark und so prägend, daß man sie allenfalls unterbrechen, aber nicht kappen kann? Nichts ist, wie es einmal war, die Gesellschaft nicht und die Linke auch nicht. Und doch scheint es, als würde sich eine alte Verhaltensweise in ein immer wieder neues Gewand hüllen und das Allgemeine immer wieder das Besondere verdrängen.

Was ist das Allgemeine? Ein Bild vom Menschen, der das Böse nicht kennt, nicht fehlbar und nicht doppeldeutig ist und einer vorgegebenen Vernunft immer zugänglich; ein Bild von der Gesellschaft, die in sich ruht und einen Sinn für die Geschichte nicht kennt. Jeder würde mit sich und dem anderen in Harmonie leben, wenn die Verhältnisse es zuließen. Daß es darauf ankomme, die Verhältnisse zu ändern, ist die Botschaft. Sie hat seit Karl Marx viele Namen gekannt, aber keinen, der sich nicht mit seinem verbunden hätte.

Einer anderen Utopie als der sozialistischen ist nicht mehr gelebt worden, auch nicht, als sie in weiten Teilen Europas und auch in entlegenen Gegenden umgesetzt wurde in die Wirklichkeit. Daß die sozialistische Ordnung weder in dieser noch in einer anderen Form von den Völkern gewollt war und daß sie Antworten auf die Fragen der Zeit nirgendwo bereithielt, konnte jeder sehen, der sehen wollte.

Warum aber wollte keiner sehen, und warum gilt der Wettbewerb der Systeme erst jetzt als entschieden? Wurde die Realität nicht überprüft und nach Wunsch modelliert, weil die Utopie Schaden genommen hätte? Das Merkmal war die ihr innewohnende Suche nach Realisierung. Deshalb konnte die Wirklichkeit, die in ihrem Zeichen erstand und von der niemand behauptete, sie sei vollkommen, die Utopie nicht widerlegen. Es blieb ein Rest offen – bis es eine Wirklichkeit nicht mehr gab.

Wie sich das sowjetische Imperium und die sozialistische Ideologie voneinander abgelöst haben, wird niemals zu klären sein. Aber daß das eine mit dem anderen zerfallen mußte, wer wollte widersprechen? Als die Machtbasis brach, wurde auch vom Ende der Utopie gekündet. Das Imperium, auf Zwang gegründet und durch Zwang zusammengehalten, riß, und im gleichen

Augenblick verflüchtigte sich die Idee, den Himmel auf die Erde herunterholen zu wollen. Davon unberührt bleibt der Traum von einer gerechten Ordnung, der, wie auch geheißen, immer lebendig bleiben wird – als Korrektiv und Wegweiser.

Was ist das Besondere? Der Zwang, in einer Welt zu wirken, der eine andere schon entgegengesetzt ist, und sei es ausschnittweise. Diese immer aufs neue zu entwerfen und vorherzubestimmen, in Rede und Resolution, auf Papier und Parteitag, ist der Linken ebenso eingeboren wie die Art, das Heute hochzurechnen und aus den Analogien der Geschichte auf deren Gesetze zu schließen. Ihre Anziehungskraft auf Intellektuelle erwächst aus dieser Neigung. Aus Raum und Zeit der einen Welt kann sich der Eremit lösen, der ohne Bedürfnisse ist und für andere nichts will. Die Verhältnisse ändern oder umkehren aber heißt, sich auf sie einlassen. Das Risiko, sich dabei vereinnahmen zu lassen, ist groß, ebenso groß wie die Versuchung, sich zu entziehen.

In diesem Spannungsfeld bewegt sich die Linke, seit sie im Zuge der Industrialisierung eine Massenbasis gewann und politisches Gewicht erlangte. Aber dieses Aktionsfeld war zu groß, als daß sie es als eine in sich geschlossene Kraft hätte ausfüllen können. Ihre inneren Spaltungen bestimmen sich durch Nähe und Ferne zur Wirklichkeit und Art und Weise, auf sie einzuwirken. Dabei im Mittelpunkt – weil die Grenzbestimmungen der Linken durch sie hindurchgehen – die Sozialdemokratie. Dabei nicht im Mittelpunkt: die Last, die ihr über die Jahrzehnte hin von außen auferlegt wurde und die ihre Entfaltung vierfach beeinträchtigte: in den Ausnahmegesetzen der Kaiserzeit, in den geistig-politischen Abgründen der Weimarer Republik, in den mörderischen Verfolgungen nach 1933; in der überwiegend gewaltsamen Gleichschaltung der Sowjetisch Besetzten Zone.

Der verlängerte Irrtum

So folgerichtig ist eine Geschichte selten verlaufen. Von der Abwehr der deutschen Einheit zur Abwehr einer unmißverständlichen deutschen Haltung zum Krieg führt eine gerade Linie. Gewiß, binnen kurzem wurde ein innerlinker Gesinnungsstreit geführt und ein Bekenntnis verlangt, das in dieser Absolutheit einer anderen Zeit und einem anderen politischen Spektrum zugehörig schien. »Bist Du für oder gegen den Krieg?« und »Bist Du für oder gegen Israel?« lauteten die Fragen eines Gesellschaftsspiels.

Wurde es nicht deshalb so verbissen gespielt, weil es ernst nicht zu werden drohte? Oder weil die konservativ-liberale Regierung Zeichen nicht setzte und der Außenminister, wohlgelitten bei der Linken, ein Weltbild verabschieden mußte? Daß mit Geld und guten Worten nicht immer und nicht überall durchzukommen sei, war eine Erfahrung, die mehr als eine Seite zu verarbeiten hat. Im Jahr, als die deutsche Einheit sich vorbereitete, verursachte die Linke Interesse nur am Rande, weil anderswo verantwortliche Politik gemacht wurde. Jetzt rückten die intellektuellen Fehden in den Mittelpunkt der Aufmerksamkeit, weil verantwortliche deutsche Politik sich kaum noch irgendwo abzeichnete.

Die Fronten schienen sich verkehrt zu haben. Unter den Kriegsgegnern, den prinzipiellen wie den zeitbedingten, wurde deutscher Friedensliebe Lob gespendet und der weltpolitischen Enthaltsamkeit gerade des vereinten Landes das Wort geredet. Daß man den Teil der Deutschen, der sich entsprechend äußerte, wenn nicht für die Gesamtheit, so doch für die Mehrheit nahm, und das Unvermögen der Regierung, sich zu artikulieren, mit dem Einverständnis des deutschen Volkes verwechselte, wer wollte einen Vorwurf daraus ableiten? Und wer unsympathisch finden, daß von den eigenen Schreckensvisionen des Einheitsjahres Abstand genommen und nun bekundet wurde, wie »zivil« die Deutschen geworden seien.

Naivität im politischen Urteil ist ärgerlich und bisweilen auch rührend. Naiv war der Wunsch, Deutschland möge einer Wirklichkeit entkommen, der es verhaftet ist wie irgendein anderes Land der westlichen Gemeinschaft. Alte Traditionen des Pazifismus verbanden sich mit neuen zivilisations- und kulturkritischen Einflüssen. Der Argwohn gegen Amerika, Urbild des Kapitalismus und der militärischen Macht, sitzt tief und nährt die Neigung des Sich-selbst-genug-sein-Wollens. Warum trug er in diesem Fall nicht weit? Weil Saddam Hussein mit einem Freiheitshelden der Dritten Welt nicht viel gemein hatte und zur Identifikationsfigur nicht taugte.

Welche Ironie! Die Anhänger des unbedingten Friedens machten sich ein Argument zu eigen, das ihnen selbst so oft hatte vorgehalten werden müssen, und wendeten es gegen die Abtrünnigen. Als das sowjetische Imperium zerfiel und die Menschen in der DDR von ihrer Freiheit den Gebrauch machten, den früher zu machen sie nicht die Möglichkeit hatten, wurden Bilder strapaziert, die die Gefährlichkeit eines vereinten Deutschland illustrieren sollten.

Diese Bilder eines gefährlichen Gesamtdeutschland waren einer eingebildeten Wirklichkeit entnommen. Wo sonst auch wäre der Gegenstand, vor dem man warnte, zu finden gewesen? Oder hätten die Deutschen »Stunden nationaler Wallungen, patriotischer Beklemmungen und allerhand altertümlicher Gefühlsüberschwemmungen« erlebt? In einer anti-nationalen Philippika bemühte Peter Glotz Friedrich Nietzsche, und nicht nur er fand, der Mann habe die Jahre 1989 und 1990 vorhergesehen.[1]

Das Verfahren wiederholte sich, als die Befürworter des Krieges und eines deutschen Aktivismus auf den Plan traten. Woher die Aggressionen rührten, die gegen die eigenen

Landsleute gerichtet wurden, und woher die Bedürfnisse nach Kompensation, mag für sich ausmachen, wer sie hegt. Eine öffentliche Angelegenheit aber ist, wenn Eindrücke vermittelt werden, die keiner Prüfung standhalten.

Vorwürfe propalästinensischer Schlagseitigkeit und antisemitischer Nachbelastung haben einer Prüfung ebensowenig standgehalten wie die einer außergewöhnlichen Hysterie. Die Palästina-Solidaritätskomitees liegen nicht nur zwanzig Jahre zurück, sie sammelten auch damals nur winzige Minderheiten; der Vorwurf, Israel Schuld zuweisen zu wollen, wird durch die Wiederholung nicht richtiger; und was die Ängste und die Aufgeregtheiten angeht: Begeisterung herrschte nirgendwo; in Italien wurden sämtliche Teigwaren aufgekauft; Engländer und Franzosen, die eine Weltmachtrolle jahraus, jahrein zu spielen gewohnt sind, gehorchen eigenen – nicht unbedingt besseren – Gesetzen; andere Völker wiederum wurden nur geschickter regiert und wußten mit vielen Worten wenige Taten zu überdecken.

Wieviel Überheblichkeit gegen das eigene Volk war hier im Spiel? Patriotismus und Provinzialismus fügen sich selten zusammen. Die deutsche Nabelschau im Lager der Linken war im einen wie im anderen Fall provinziell. Ihre bellizistische und die pazifistische Variante haben denn auch einen gemeinsamen Nenner – die

Flucht aus der Wirklichkeit, die einer Flucht aus der Verantwortung gleichkommt.

Der israelische Schriftsteller Amos Oz erwartet vom wiedervereinigten Deutschland, »daß es verantwortlich ist und sich seiner gewachsenen Verantwortung bewußt bleibt«. Die Frage sei nicht, »wie viele Soldaten die Deutschen auf den Schlachtfeldern haben. Die Frage ist, wie verantwortlich die Deutschen sich verhalten.«[2] Verantwortlichkeit mag von den Intellektuellen nicht zuerst erwartet werden können und auch nicht von Minderheiten, deren Lebensgefühl die Opposition ist.

Aber von einer großen Partei, die den Anspruch zu regieren nicht aufgegeben hat, wird die Bereitschaft zur Verantwortung erwartet. Daß sie eben die nicht gezeigt und sich geöffnet hat für die Gedankenspiele und die Gefühlsregungen an ihrer linken Peripherie, gibt der Sozialdemokratie Kraft nicht zurück. Die Regierung mag fehlen und sich überleben; solange die Opposition sie herausfordert, ist es der Demokratie nicht zum Schaden. Vertrauen erwächst aus der Bereitschaft zu verantwortlicher Politik.

Aber nicht verantwortlich war, die Entscheidung der Vereinten Nationen – einst ein Ideal der Linken – zu relativieren; nicht verantwortlich war, Deutschland auf die Anklagebank setzen zu helfen und die Welt zum Ankläger zu bestellen; verantwortungsscheu war schließlich, den von Anbeginn an beträchtlichen deutschen Anteil an der Kriegführung – den einen zuviel, den anderen zuwenig – zu verschweigen und die Extreme zu bemühen.

Die einen möchten deutsche Soldaten nicht einmal unter Fahne und Kommando der Vereinten Nationen – eine Debatte, über die die Zeit hinweggegangen ist –, und die anderen möchten die gleichen Soldaten sofort den Amerikanern unterstellen. Daß Deutschland sein Gewicht, von Geschichte und Gegenwart bestimmt, diesseits der Extreme einsetze, dazu fehlt die politische Phantasie und fehlt das Selbstbewußtsein.

Auf die Geschichte berufen sich die einen wie die anderen. Auschwitz muß herhalten, um die Enthaltsamkeit zu legitimieren und auch das Gegenteil. Es wird instrumentalisiert um gegenwärtiger Interessen willen. »Ich glaube«, so sagte Amos Oz, »die Israelis genießen es, ihren deutschen Besuchern Schuldgefühle zu vermitteln. Und ich glaube, die deutschen Besucher genießen es sehr, diese Schuldgefühle zu empfinden.« Warum ist es so? Die Schatten der Vergangenheit sind lang. Aber sind sie heute länger als vor zwanzig und noch vor zehn Jahren? Mit Schuldgefühlen läßt sich Politik nicht machen. Und wo auch hören die Schuldgefühle auf und fangen die Bequemlichkeiten an?

Unter dem Druck des Geschehens hatte sich die Frage nach der Verantwortungsbereitschaft der Linken und jedenfalls der Sozialdemokratischen Partei ausgeweitet und zugespitzt. Internationale Einflußnahme kann nur ausüben, wer die nationale Verantwortung wahrnimmt. Solange, allen Souveränitätsverzichten zum Trotz, Nationalstaaten über die Weltläufte bestimmen, muß den eigenen anerkannt haben, wer in der Welt mitreden will. Rechtfertigte nicht gerade das Gerede vom Provisorium das Nichtstun?

Der Irrtum im Golfkrieg war nur die Verlängerung jenes anderen Irrtums, der 1989 und 1990 begangen worden ist. Eines Irrtums, der durchaus prinzipieller und nicht nur persönlicher Natur war. Er hat die Parteien mehr als eine Wahl gekostet und ihrem intellektuellen Umfeld mehr als vorübergehenden Einfluß. Worin hatte dieser Irrtum bestanden?

Selbstbescheidung war lange eines der Merkmale der nichtkommunistischen Linken und auch der Sozialdemokratischen Partei. Sie hatte der Bewegung ihr Gepräge gegeben, solange diese sich selbst genug war und nach Mehrheit und Macht nicht streben mochte. Sich etwas vorzumachen aber war auch dann ihre Sache nicht, als sie, Ende der fünfziger Jahre, aus dem Dreißig-Prozent-Turm herausstrebte und Verantwortung nicht nur in Gemeinden und Ländern zu tragen suchte. Die Maßstäbe haben sich seither nicht geändert. Oskar Lafontaine mag vieles unterstellt werden. Aber daß er nicht hätte gewinnen wollen? Und daß all die anderen, die in nationalen wie internationalen Angelegenheiten ähnlich agieren, nicht gewinnen wollten? Der Kandidat des Jahres 1990, erfolgsverwöhnt wie er war, rühmte sich, daß er wisse, was die Leute wünschten.

Den Urnengang an der Saar hatte er bravourös bestanden, und nun war auch seinen schärfsten Kritikern klar, daß der Partei ein Erfolgreicherer nie erwachsen war. Der Nimbus des Unbesiegbaren betörte, und alle Regungen, wenn nicht über den Kandidaten, so doch über dessen Kurs zu diskutieren, wurden gezähmt. Konnte es sein, daß dieser Nimbus auch ein Vorwand war? Ein Vorwand, um nicht diskutieren zu müssen, was man nicht diskutieren wollte?

Am Tag nach der Volkskammerwahl, die der SPD ganze 21,8 Prozent beschert hatte und mit der ein Erwartungshorizont abgesteckt worden war, verlangte Oskar Lafontaine dem Parteivorstand eine Wahlkapitulation ab: Er werde nur nach der Kanzlerschaft greifen, wenn die Partei ihm folge und nicht dreinrede. Widersprüche wurden nicht laut, Wahlergebnisse nicht erörtert, und vor der Presse hatte ein Stück Premiere, das von Flucht handelte.

Die große Niederlage des Frühjahrs hatte den frisch gekürten Kandidaten nicht berührt. Er erklärte: »Gerade nach der Wahl in der DDR hat die SPD eine realistische Chance, die Bundestagswahl zu gewinnen.« Den Wettlauf um die schnelle Einigung (und um die schnelle Einführung der DM als Zahlungsmittel) habe die SPD nicht gewinnen können. Doch mit einer Deutschlandpolitik, die die wichtigen Schritte mit den europäischen Nachbarn abstimme und die sozial ausgewogen sei, »hat die SPD eine klare Alternative zum gegenwärtigen Kurs der Bundesregierung. Eine solide Deutschlandpolitik entspricht dem klaren mehrheitlichen Willen der Bevölkerung in der Bundesrepublik, und sie gewinnt mehr und mehr auch in der DDR Zustimmung.«[3]

Fällt ins Gewicht, daß er an gesamtdeutsche Wahlen damals noch nicht denken mußte? Auch nachdem feststand, daß die Deutschen in West und Ost ein gemeinsames Parlament bestimmen würden, änderte er nichts. Bewegungslosigkeit war sein und seiner Partei Merkmal in einer Zeit der Bewegung.

Von einem klaren – sozialdemokratischen – Willen der Bevölkerung in der Bundesrepublik war zwar im Dezember nicht mehr die Rede, aber die Überzeugung, in der Vergangenheit richtig getan zu haben und für die Zukunft recht zu behalten, trat um so stärker hervor und fand in dem Anspruch, die Parteiführung zu übernehmen, ihren sichtbaren Ausdruck. Daß er nicht trug, war weder der Einsicht des Kandidaten noch dem Widerstand der Partei zuzuschreiben, sondern dem Umstand, daß Oskar Lafontaine von allen auf den Schild gehoben und von niemandem im Stich gelassen sein wollte, schon gar nicht, als er sich mit den Folgen des Attentats auseinandersetzte.

Sei es aus Zustimmung zu Lafontaine, sei es aus Verlegenheit, andernfalls nicht im Gleis bleiben zu können und auch nach eigenem Fehl fragen zu müssen – die große Mehrheit in den Führungsgremien wünschte das Zeichen des Saarländers und wurde von Krisenbewußtsein erst erfaßt, als dieser beiseite trat. Daß Oskar Lafontaine die Entwicklung in vielen Einzelheiten noch nicht schwarz genug gesehen hatte, half der Partei auch im nachhinein nicht. Der Grund: Den negativen Prognosen war konzeptionelle Kraft nicht entgegengesetzt worden, und vor allem fehlte die positive Grundentscheidung für die Einheit.

Wahlforscher mögen den Anteil erklären, den die Lafontainesche Persönlichkeit, Sprache, Aufmachung, die Art sich zu geben, am Ergebnis hatte. Der Vorhersagen hatte es nicht bedurft, um zu wissen, daß gewohnheitsmäßige Wähler der Sozialdemokratischen Partei, und keineswegs nur solche älteren Jahrgangs, diesmal der Gewohnheit entsagen und dafür die Person des Kandidaten ins Feld führen würden.

Aber wer Person sagte, meinte auch das Programm; in der Überlegung, ob Oskar Lafontaine dem Amt, das er anstrebte, das des Regierungschefs im vereinten Deutschland, gewachsen sei, flossen beide Elemente, das persönliche und das politische, zusammen. Und auch die Partei, die sich rühmt, ein Verein zur Wahl des Kanzlers nie gewesen zu sein, nahm mit dem einen das andere hin. Mehr noch: Sie fand sich, mit zählbaren Ausnahmen, in Person und Programm wieder, und auch im grün-alternativen Spektrum wurde ihm Zustimmung zuteil. Das Echo, das Oskar Lafontaine auf dem Vereinigungsparteitag hatte, entsprang keinem Pflichtgefühl und war mehr als der Beifall, der dem ersten Mann nun einmal zukommt; im September 1990 schlossen sich Ost- und West-SPD zusammen. Für seine Rede – über die staatliche Einheit, wenige Tage bevor sie Wirklichkeit wurde, kein Wort – bekam er Ovationen.

Konnte Lafontaine über mangelnden Rückhalt klagen? Nie hatte einer der Partei seinen Willen aufzuzwingen vermocht wie er. Die ihm in der Sache widersprachen, waren an einer Hand abzuzählen. Nie zuvor gab sich die SPD so einheitlich wie im Jahr der deutschen Einheit. Unmögliches verlangte der Kandidat nicht von seiner Partei, die einer immer auch vorhandenen Neigung nachgab und regeln half, was zu regeln war. Darin unterscheidet sich die SPD von den Grünen, die – unbeschwert von allen Wünschen nach Teilhabe – versuchen durften, den Zug der Einheit aufzuhalten, und nicht versuchen mußten, zwei Nebensachen – die Frage der Kosten hier und des wirtschaftlichen Niedergangs dort – hochzustilisieren, um von der Hauptsache – Wie halten wir's mit der Selbstbestimmung des eigenen Volkes? – abzulenken.

Was er selbst empfand, müßten die Leute auch empfinden, meinte der Kandidat. Daß einer, der das Ohr am Puls des Volkes zu haben meinte, die Stimmung in der Bundesrepublik so falsch einschätzte, und einer, der angetreten war, das moderne Deutschland zu schaffen, Untergangsvisionen beschwor, kennzeichnete die Überraschung.

Daß die Westdeutschen, vom Glück begünstigt, sich nicht einschränken wollten zugunsten ihrer armen Landsleute, war eine Feststellung von banaler Richtigkeit. Wer auf der Welt verzichtet schon gern – und sei es auf mehr? Und wer läßt sich gern aus lieben Gewohnheiten reißen? Tatsächlich war die Zahl derer, die der Kosten wegen oder aus Bequemlichkeit die Einheit nicht zuwege bringen wollten, verschwindend gering, geringer als selbst Helmut Kohl es angenommen hatte.

Daß das Unternehmen teuer würde, hatte sich beizeiten herumgesprochen. Aber kaum einer hätte es darüber abbrechen wollen, und fast jedem war einsichtig, daß den Kosten auch Nutzen gegenüberstehen würde. Ein früher Appell nicht an die Opferbereitschaft, sondern an einen im eigenen Interesse liegenden Ausgleich hätte manches Mißverständnis im Keim erstickt. Das Ineinander von materiellem Wohlstand und ideeller Freiheit mußte vielleicht nicht erkannt werden. Aber daß gerade die Erben einer der Solidarität verpflichteten Arbeiterbewegung, ob rot oder grün, die Bedürfnisse der Menschen so gering achteten, fügt sich schwer in die Linien, die die Tradition vorzuzeichnen scheint.

Im Angesicht der Gebietsverluste und separatistischen Herausforderungen nach dem Ersten Weltkrieg, im Verhältnis zwischen den Besatzungszonen nach 1945, im Ringen an der Saar und im Kampf um Berlin – immer ging es auch und nicht zuletzt um die Lebensbedingungen der betroffenen Landsleute. Wie hatte zu einer Sache der Statistik werden können, was eine Sache des Herzens gewesen war?

Von der Last der Tradition …

Wie alle Geschichte wird auch die der Arbeiterbewegung für Zwecke der Gegenwart in Anspruch genommen. Woher sonst der Schwur auf einen Internationalismus, der immer nur ein Ausschnitt aus der Wirklichkeit gewesen ist? Woher sonst der Versuch, den Einigungsprozeß aus Raum und Zeit herauszulösen?

Am Beginn jenes Prozesses hatte das Ende eines Staates gestanden, der einen hohen Anspruch sein eigen nannte; daß er die Kraft habe, aus sich heraus zu existieren, galt als ausgemacht. Diesen Staat mit dem anderen auf eine Stufe zu stellen und beide im Wettbewerb um die besseren Antworten zu sehen, hieß, die Einheit verwerfen. Sie konnte nicht gutheißen, wer auch der DDR eigene Lebenskraft bescheinigt, ihr eine demokratische Perspektive zugetraut und sie, verschiedener Eigenheiten halber, bewahrenswert gefunden hatte.

»Sozialistische Errungenschaften«, was auch immer sie gewesen sein mochten, wogen schwer und bestimmten, emotional eher denn rational, seit Mitte der 80er Jahre und bis in den Sommer 1989 hinein, auch die Kontakte zur herrschenden SED. Kritische Geister innerhalb und außerhalb der Sozialistischen Einheitspartei haben sich oft und gern auf das Papier berufen, das das Ergebnis mannigfacher Gespräche gewesen war: »Der Streit der Ideologien und die gemeinsame Sicherheit«.[4]

Warum es leugnen? Warum so tun, als seien die Gespräche als solche verwerflich gewesen? Ins Zwielicht sind sie geraten, weil sozialdemokratische Partner – Politiker, aber auch Historiker – für bare Münze nahmen, was die SEDler vortäuschten, und es ihnen an Selbstbewußtsein fehlte. Daß man mit den Repräsentanten einer Diktatur verkehrte und die übergroße Mehrheit der Bevölkerung die Herrschaft der SED abgeworfen hätte, wäre die sowjetische Besatzungsmacht nicht davor gewesen, war dem Blick entschwunden.

Es wird sich niemals klären lassen, ob die Nationalstaatsbildung unserer Zeit gerade deshalb von manchen Intellektuellen nicht hingenommen wurde, weil sich ein sozialistischer Teilstaat aufgelöst hatte und sich die Einheit, innen- wie außenpolitisch, nach bundesrepublikanischem Muster vollzog. Auch auf der Linken ist die Nation zu einem jeweils eigenen Bild und zu einem jeweils eigenen Zweck geformt worden, und sei es ex negativo wie bei den Kommunisten, die nirgends so moskauhörig waren wie in Deutschland und erst in der Ära Gorbatschow, aus wohlerwogenem eigenen Interesse, auf Distanz gingen.

Die DDR nahm, bis zuletzt, eine tausendjährige Vorgeschichte für sich in Anspruch und suchte eine eigene Nationalgeschichte ebenso glaubhaft zu machen wie sozialistisches deutsches Nationalbewußtsein. Und die nichtkommunistische Linke des Westens? War sie nicht nach dem Krieg und bis ans Ende der fünfziger Jahre auf die deutsche Einheit eingeschworen?

Adenauer hatte die Wiedervereinigung in der Rangfolge seiner Prioritäten heruntergestuft, weil sie zu seinen Bedingungen nicht zu haben war. Kurt Schumacher war ein glühender Antikommunist und dachte nicht an Gemeinsamkeiten. Die ostzonale Sozialdemokratie hatte er 1946 aufgegeben in der Überzeugung, daß sie dem Würgegriff der sowjetischen Besatzer und deren deutschen Handlangern nicht würde standhalten können. Der unbeugsame Westpreuße, der im Ersten Weltkrieg einen Arm und infolge zehnjähriger KZ-Leiden ein Bein verloren hatte, war auch ein überzeugter Antikapitalist, und sich an den Westen binden hieß für ihn, eine Wirtschafts- und Gesellschaftsordnung rechtfertigen, die er ersetzen wollte. Ein nationales Bewußtsein, das ihm über zwölf düstere Jahre hinweggeholfen hatte, gebot ihm, die Teilung, die

die Westbindung der Bundesrepublik noch vertiefen würde, zu überwinden. Im übrigen fühlte er sich in eine andere Nachkriegszeit und die frühen zwanziger Jahre zurückversetzt und wollte um jeden Preis vermeiden, daß die SPD den nationalen Erfordernissen noch einmal ausweiche. Darüber versäumte er die Erfordernisse der Gegenwart, und er übersteigerte den Versuch, das Ziel der Einheit auf einem Dritten Weg – zwischen Ost und West, zwischen Kapitalismus und Sozialismus – zu erreichen. In Schumachers Nachfolge – er starb 1952 – wurde dieser Kurs eher gewohnheitsmäßig betrieben. Außer dem prowestlichen Flügel der SPD, vornehmlich in Berlin beheimatet, fand er in der Linken keinen Widerspruch.

Zu Jahresbeginn 1959 berieten Vertreter studentischer Aktionsausschüsse und deren nichtstudentische Gäste, inspiriert und dirigiert vom SDS, den Zusammenhang von »Wiedervereinigung und Atomrüstung« und befanden: Die weltpolitische Lage zwinge beide Teile Deutschlands »in Kürze«, miteinander zu verhandeln und die Formen »einer interimistischen Konföderation« zu prüfen.[5] Im selben Jahr legte Herbert Wehner – namens der SPD – seinen Deutschland-Plan vor. Während Chruschtschows Berlin-Ultimatum noch lief, beschwor er »ein kollektives Sicherheitssystem«, den »gleichwertigen Abzug der Fremdtruppen der Nato und des Warschauer

Paktes« von deutschem Boden und die stufenweise Zusammenführung Deutschlands.[6]

Schumacher und die, die auch nach seinem Tod noch in seinem Schatten agierten, hatten die Fahne der Einheit hochgehalten, doch nicht in Rechnung gestellt, daß im Bewußtsein der Bürger beiderseits des Eisernen Vorhangs Gleichwertigkeit zwischen beiden Teilen Deutschlands nicht bestand, insoweit auch nichts Drittes entstehen konnte, und das Ziel der Einheit nicht absolut gesetzt wurde. Die Bewohner des Westens hielten die Bundesrepublik für die bessere der deutschen Welten, und die Bewohner der SBZ, der Sowjetischen Besatzungszone, die damals noch mit den Füßen abstimmen konnten und massenhaft – zweieinhalb Millionen zwischen 1952 und 1961 – in den Westen strömten, sahen es nicht anders.

Seit die Teilung Deutschlands bestand, hatte die Bundesrepublik, im Verständnis der Menschen in Ost und West, Modellcharakter. Aber wird nach dem Willen der Menschen immer zuerst gefragt? Wie oft wird entworfen, was man für richtig hält, und sodann unterstellt, daß die Menschen es ebenso richtig finden – oder zu finden haben.

In ihren deutschlandpolitischen Entwürfen hatte die Nachkriegs-SPD an diese Tradition wieder angeknüpft. Der Glaube, daß die Vernunft kollektiv und die Geschichte steuerbar sei, daß Selbstbestimmung nicht der einzelne, sondern die Masse ausübe, war ihr Bestandteil. Daß die Freiheit des einzelnen in der Gleichheit aller aufgehen werde, ist Kern deutschen sozialistischen Denkens und wurde von August Bebel immer aufs neue fixiert. Die Interessen des Vierten Standes zu vertreten, war möglich nur unter Berufung auf die Gleichheit aller. Doch daß das individuelle Freiheitsrecht darüber verdrängt wurde, blieb ebenso ein deutsches Charakteristikum wie die Vernachlässigung der freiheitlichen Demokratie, die programmatisch nicht durchdacht und politisch allenfalls auf Nebenlinien erstrebt wurde.

Die deutsche Sozialdemokratie hat ihre Prägung im deutschen Kaiserreich empfangen – aus der Wirklichkeit fliehend und zugleich in ihr verharrend. Wie hätte sie sie ändern, gar gestalten sollen? Wer sich der klassen- und konfliktlosen Gesellschaft verschreibt und auf einer starren – der sozialen Dynamik des Kaiserreichs hohnsprechenden – innergesellschaftlichen »Scheidelinie« beharrt, ist für die Kämpfe dieser Welt und deren Widersprüche nicht gerüstet. Ändern – reformieren – tut den Rahmen, wer ihn, wenn auch nicht billigend oder gar jubilierend, zur Kenntnis nimmt.

Eben dies war nicht die Sache der Bebelschen Partei, die abwartete, bis das Notwendige von selbst geschehe, und auf diese Weise denen, die

die Macht besaßen, das Geschäft leichtmachte. Der Kaiser der Arbeiter, der Ersatzkaiser, wie er auch genannt wurde, lebte mit zwei Parolen, die eine so symbolträchtig wie die andere. »Diesem System keinen Mann und keinen Groschen« war jahrzehntelang der Schlachtruf der Verweigerung. »Jeden Mann und Pfennig aufzuheben, wenn die Abrechnung mit Frankreich und Rußland kommt« aber war mehr als eine massenwirksame Forderung.

Die Friedfertigkeit und die Verteidigungsbereitschaft zugleich zu betonen, war kein Einfall, den Bebel die Taktik eingegeben hätte, sondern Ausdruck eines Lebensgefühls. Den »Kladderadatsch« vorherzubestimmen und die Heraufkunft des Paradieses auszumalen, blieb ihm dennoch inneres Bedürfnis. Der Doppelbödigkeit seines Wirkens entsprach die Bewußtseinsspaltung vieler, die er vertrat. Man fühlte sich ausgestoßen – durch Wort, nicht nur das von den »vaterlandslosen Gesellen«, und Tat genährt – und wollte doch anerkannt sein – als Teil jener Nation, in der man sich eingerichtet hatte.

War die Bewilligung der Kriegskredite ein »Fehler«? Als solcher gilt das Ja vom 4. August 1914 in parteioffizieller Rückschau. Tatsächlich hatte die sozialdemokratische Führung keine Alternative. Sie selbst im Reichstag – Friedrich Ebert gab Rechenschaft in seinem Tagebuch – und die Anhängerschaft auf der Straße fühlten sich – endlich – eins mit der Nation und dazugehörig und am Ende eines Weges, nicht am Anfang. Warum sonst hat man sich nicht bewußt gemacht, was vorging und was zu tun sein würde? Warum sonst hat man sich so leicht hergegeben und nichts, nicht einmal realen Einfluß auf die Staatsgeschäfte, verlangt? Julius Leber schrieb später von Verlegenheitslösungen und Halbheiten und zog eine Linie zum 9. November 1918, als die Führerschicht überrascht, unvorbereitet und deshalb völlig willenlos gewesen sei.[7] Nicht willenlos waren allerdings die Spartakisten, die sich nun abspalteten.

Der Riß war lange schon durch die Arbeiterbewegung hindurchgegangen, und lange schon war nur eine Frage der Zeit gewesen, wann er unüberbrückbar würde. Die Spaltung erfolgte nicht über die Frage der Demokratie und nicht über die des Sozialismus. Karl Marx blieb Ahnherr der Brüder, die nun die feindlichen genannt wurden. Die Spaltung erfolgte über die Frage, wie der Sozialismus in die Welt komme und wie er dort zu halten sei – ob mit Gewalt oder ohne, ob mit Mehrheit oder ohne. In diesem Punkt konnte es Kompromisse nicht geben, und deshalb bleiben die hartnäckigen Versuche, die Halbheiten der Novemberrevolution und gar die Machtergreifung Hitlers der innerlinken Spaltung zuzuschreiben, Versuche am untauglichen Objekt.

Daß sie immer wieder gemacht werden, ist Ausdruck eines Gefühls von verwandtschaftlicher Nähe. Einer Nähe, die ein weiterwirkendes Zusammengehörigkeitsgefühl und das Wissen um die gemeinsamen Wurzeln – dann auch das Leiden während der Nazizeit – immer aufs neue und aller sonstigen Erfahrung zum Trotz genährt haben. Das hervorstechende Beispiel bleibt die Sehnsucht, die 1945/46 die ostzonale Sozialdemokratie in die Arme der Kommunisten trieb. Als sie sich in der selbst gelegten Schlinge verfangen hatte, war sie nicht mehr Herr ihrer Entschlüsse und die Zwangsvereinigung mit der KP nicht zu vermeiden.

Von Beginn an hatten die Kommunisten Radikalität suggeriert und den Sozialdemokraten, eben weil diese demselben Ziel verpflichtet waren, das schlechte Gewissen derer eingeredet, die nicht radikal dachten und sich in der bürgerlichen Welt die Hände schmutzig machten. Dieses schlechte Gewissen schwang immer noch mit, wenn Sozialdemokraten, kleine und große, sich vor Honecker verbeugten und ihm nicht widersprachen, wenn er die sozialistischen Errungenschaften pries und die antifaschistischen Heldentaten rühmte.

Über Ursache und Wirkung ist nicht zu rechten, doch von den zwei Kehrseiten ein- und derselben Sache zu reden. Die Neigung, lehrbuchmäßig zu trennen, was im Leben zusammengeht, und umgekehrt, ist der Linken eigen und mag sich mit jenem Gefühl von der einen sozialistischen Familie verbinden. Sie schlug sich nieder noch in dem Glauben an die notwendig heraufziehende Sozialdemokratisierung der DDR und auch der Vorstellung, die DDR in Ruhe und mit Zeit umgestalten zu können.

In dem trotzigen »Wir haben die richtigen Themen, und nur die unvorhersehbare Einheit hat diese vorübergehend überlagert« ist diese Neigung wieder aufgelebt. Das Wörtchen »wenn« – und wenn die Einheit nicht gewesen wäre – hat sich seinen Platz im sozialdemokratischen Vokabular zurückerobert; bei den Grünen wird es ohnehin gern und oft benutzt. Diese Selbstgefälligkeit ist verschwistert mit der Unfähigkeit, zu erfassen oder auch nur in Rechnung zu stellen, was sich einer oberflächlichen Ratio entzieht: Stimmungen und Strömungen, Träume und Triebe. Der Marxismus geht nicht auf in der Art und Weise, in der die Linke dem Willen zu gestalten und zu verantworten entsagt hat. Doch daß er die höhere Legitimation lieferte, hatte schon den gestaltungs- und verantwortungsbereiten Sozialdemokraten des Kaiserreichs eingeleuchtet, die der Demokratie in Deutschland den Weg bereiten und – das eine hing am anderen – der SPD den ihr gebührenden Platz erstreiten wollten.

Wo immer man die marxistischen Wurzeln der Sozialdemokratie zu kappen suchte, ob im Kaiserreich oder in der Weimarer Republik, ob im Bayern des Georg von Vollmar oder im Baden des Ludwig Frank oder in jenen aktivistischen Zirkeln, die sich Ende der zwanziger Jahre zusammenfanden, sollten Demokratie und Nation eine gemeinsame Heimstatt finden.

Als die Weimarer Republik sich aufzulösen begann, nahmen sich jene selbst- und machtbewußten Reformer, die mit dem Marxismus nichts im Sinn hatten, Unmögliches vor. Die demokratische Ohnmacht und die nationale Blutleere von Partei, Gewerkschaft und intellektuellem Umfeld reichten zu tief, als daß sie auf kurze Sicht zu überwinden gewesen wären, und ihnen allen, Haubach und Mierendorff und Reichwein, Leuschner und Leber, war der Weg in den Widerstand vorgegeben.

Es war ein Weg, der kein Zurück bereithalten sollte. Die Tradition, in der sie standen, die Tradition einer ethisch begründeten, individuell verpflichtenden Freiheitsbewegung, war immer sehr schwach gewesen und keiner, der sich ihr verpflichtet fühlte, je in der Partei- und Gewerkschaftshierarchie nach oben gekommen. Doch als die Henker von Plötzensee ihr Werk vollendet hatten, schien sie wie ausgelöscht. Julius Leber hatte sie am reinsten verkörpert. Sein Beispiel wurde in der Nachkriegs-SPD kleingeschrieben.

… und dem Mut der Erneuerung

Keine andere politische Kraft hat über die Abgründe der deutschen Geschichte hinweg ihre Einheit und ihren Glauben an sich selbst bewahren können. Jene Sozialdemokratische Partei, die nach dem Zusammenbruch wiederauferstand, war dieselbe Partei, der zwölf Jahre zuvor der Lebensgrund weggebrochen schien. Im Verständnis ihrer Anhänger hatte sie während der NS-Zeit nicht aufgehört zu existieren, mochte sich der Widerstand der vielen auch erschöpft haben in dem Versuch, den persönlichen Kontakt zu den Freunden nicht abreißen zu lassen und bereit zu sein für die Zeit danach. Als Erich Ollenhauer aus der Emigration heimkehrte und sich im Kreis Gleichgesinnter wiederfand, die die alten Lieder sangen, äußerte er: »Es war nicht, als ob wir zwölf Jahre getrennt gewesen wären, es schien uns wie zwölf Tage.«[8]

Diese Partei hätte sich in Kurt Schumacher auch dann wiedergefunden, wenn Leber überlebt und Anspruch auf die Führung angemeldet hätte. Auch Ernst Reuter, ein anderer Außenseiter, vermochte Herausforderer nicht einmal zu sein, als die Nachfolge zu regeln war. Kurt Schumacher, der Märtyrer von Dachau, trug dem Selbstverständnis der wiedererstandenen Partei Rechnung wie keiner sonst. Obwohl Schumacher einem kantianischen Ansatz verpflichtet war, hatte Leber seinen Grund, ihn noch 1933 einen »Kaffeehausmarxisten« zu nennen.[9] Von der Berufung auf Marx mochte Schumacher auch nach 1945 nicht lassen. Dem Bedürfnis der Partei kam er nach, indem er die alte »Scheidelinie« zur bürgerlichen Welt neu zog. In der unbedingten Opposition, die er seiner Partei zuwies, richtete sie sich nur zu gern ein – um so mehr, als die soziale Basis weiterhin trug und das Organisationsnetz wieder so dicht geknüpft war wie eh und je.

Heute, da sich die Wahlergebnisse denen der fünfziger Jahre annähern, liegt es nahe, das Bild der Drittelpartei aufs neue zu bemühen. Doch 1957 konnte die SPD auf treue Anhänger, zumal unter den Facharbeitern, zählen, und in jener Wahl, die Adenauer und der Union die absolute Mehrheit beschert hatte, gewann die SPD immerhin anderthalb Millionen Stimmen hinzu. Eine Stammwählerschaft gab ihr die Sicherheit, daß es abwärts nicht gehen könne. In einer Gesellschaft aber, in der Bewegung großgeschrieben wird, bietet Tradition nur bedingt Gewähr.

In die Irre führt der Vergleich nicht nur wegen

des sozialen Wandels. In die Irre führt er auch, weil sich 1957, im Augenblick der Niederlage, die Erneuerung abzeichnete und die Erneuerer bereitstanden – Carlo Schmid, Erler, Möller, Leber, Schiller, Brandt, Helmut Schmidt. Wehner hielt es – einstweilen und bis auf dem Godesberger Parteitag der Zug volle Fahrt bekam – mit den Reformern, die Außenseiter längst nicht mehr waren, und mit den Traditionalisten, die sich, früher oder später, fast alle mit dem neuen Kurs anfreundeten und ihn, so vor allem der langjährige Schatzmeister Alfred Nau, tatkräftig förderten.

Erich Ollenhauer hatte, über die Wucht des Wandels mehr erstaunt denn erschreckt, auf einer Sitzung des Parteivorstandes ausgerufen: »Der Einheit der Partei wegen trage ich die vorgeschlagenen Veränderungen mit. Mir ist klargeworden, daß es hier welche gibt, die unbedingt in Bonn regieren wollen.«[10] In diesem Stoßseufzer lag ein Traditionsbruch beschlossen, wie er nie zuvor sich aufgetan hatte. Nie zuvor war es das unbefangene Bestreben der Sozialdemokratie gewesen zu regieren und über Macht nicht mehr zu theoretisieren, sondern an ihr teilzuhaben.

Die Organisationsreform, die unmittelbar einsetzte, ging mit der Neubestimmung des programmatischen Standpunktes einher. Die Partei wollte sich nicht mehr selbst genügen, und so konnte auch die Organisation, die Bebel und

Ebert geschaffen hatten, nicht länger Selbstzweck sein. Mehrheit und Macht lauteten die neuen Parolen, die im Godesberger Programm beurkundet wurden. Der Marxismus überlebte nur scheinbar, als eines unter mehreren anderen Motiven, die zum Beitritt bestimmen konnten. Tatsächlich war er mit dieser Relativierung und erst recht mit der gleichzeitigen Absage an die staatliche Planwirtschaft kein Bestandteil sozial demokratischen Daseins mehr.

Als in dem Augenblick, in dem, Dezember 1989, der Anfang vom Ende der DDR eingeläutet war, ein neues Programm verabschiedet wurde, fiel es gerade in diesem Punkt hinter die Godesberger Grundentscheidung zurück. Auch auf einem zweiten Gebiet zeigte sich die Partei 1959 auf der Höhe der Zeit, nicht dreißig Jahre später, als sich die Erben erhaben wähnten über die nationale Frage und darin einen Ausweis von Modernität sahen. Das damalige Ja »zur Verteidigung der freiheitlich-demokratischen Grundordnung« und zur »Landesverteidigung« war der sichtbare Ausdruck eines gewandelten Verhältnisses zu Staat und Nation. Das offene Eingeständnis, ihr Teil zu sein, nicht ihr Gegenüber, war die Voraussetzung für Teilhabe.

Und was war die Nation 1959? Der westliche Teilstaat? Keinesfalls. Das Bekenntnis zum Grundgesetz der Bundesrepublik fiel mit dem Bekenntnis zur staatlichen Einheit der Deutschen zusammen. »In seinem Sinne« erstrebte die Godesberger SPD »die Einheit Deutschlands in gesicherter Freiheit.«[11] So machte es Sinn, wenn sich Helmut Schmidt nun namens der SPD von den Konföderationsplänen der studentischen Linken distanzierte.[12] Wehners Deutschlandplan, keineswegs das Ergebnis innerparteilicher Diskussion und noch am Ende desselben Jahres wieder zu den Akten gelegt, zeigte allerdings, daß die außen- und damit deutschlandpolitische Neuorientierung nicht geradlinig verlief.

Wie sollte es anders sein in einer Partei, die gewohnt war, die Welt nach Wunsch und Vorstellung zu ordnen? Daß die Einheit gegen die Weltmacht Sowjetunion nicht zu erreichen sein würde, hatten die Sozialdemokraten sogleich nach dem Krieg erkannt und damit Weitsicht bewiesen. Daß sie nicht deutlich machen konnten, wie die Einheit mit der Sowjetunion zu bewerkstelligen und das Plazet der Westmächte einzuholen sei, war ihr Dilemma geblieben. Der immer neue Ruf nach einem kollektiven Sicherheitssystem entbehrte des Bezugs zur Wirklichkeit des Kalten Krieges.

Die Absage an die marxistische Tradition und die Hinwendung zur freiheitlichen Demokratie westlichen Musters waren dem Ja zur Westbindung der Bundesrepublik vorausgegangen, das Herbert Wehner in seiner Bundestagsrede vom 30. Juni 1960 offiziell gemacht hatte. Der Kanzlerkandidat, Willy Brandt, dramatisierte die außenpolitische Wende dadurch, daß er auf dem Parteitag in Hannover die anstehende Ausrüstung der Bundeswehr mit atomaren Waffen pragmatisch und als einen im Bündnis sachgerecht zu entscheidenden Vorgang behandelte. Den Delegierten suchte Brandt die Sache dadurch schmackhaft zu machen, daß er den Weg an die Macht wies. Er sprach von der künftigen Einflußnahme auf die Strategie der Nato und zielte auf größere Bewegungsfreiheit in den deutschen Dingen. Fritz Erler sekundierte, moralische Bedenken ließ er ausdrücklich nicht gelten. Derartige Töne waren nie zuvor in der SPD gehört worden.[13]

An jenem 25. November 1960, ein dreiviertel Jahr vor dem Bau der Mauer, hatte Willy Brandt Bündnistreue als »oberste Richtschnur« bezeichnet und sich auf seine Berliner Erfahrungen berufen, als er erstens die militärische Sicherung gegen einseitige Machtveränderungen durch den Ostblock einklagte und zweitens die Selbstbestimmung als einen der entscheidenden Impulse der Weltpolitik bezeichnete. Zugleich aber hatte er, da ein Krieg nicht geführt werden könne, für die Überwindung des Immobilismus plädiert und den neugewählten amerikanischen Präsidenten Kennedy zum Kronzeugen benannt. Wer an der Seite der Vereinigten Staaten stehen wollte, so die unausgesprochene Schlußfolgerung, mußte sich auf die Nachkriegsrealitäten einstellen und diese zu beeinflussen suchen, andernfalls die Geschichte an den Deutschen vorbeigehen würde.

Welchen Immobilismus im Ost-West-Verhältnis hätte der Bürgermeister des geteilten Berlin und hätte die Partei jenes Deutschland, das sie sich seit Kriegsende nur geeint vorgestellt hatte, im Sinne haben sollen, wenn nicht den zwischen dem westlichen und dem östlichen Teilstaat? Von der gesamtdeutschen Sache hieß es ausdrücklich, daß es nicht gut um sie stehe. »Die Zonenmachthaber« wurden – in bewußter Anlehnung an das Vokabular des deutschen Widerstands und der Emigration – an »das andere, eigentliche Deutschland« gemahnt. Die Maßstäbe also lagen zutage, und die ausgesprochene Schlußfolgerung lautete: »Wir können uns eine selbstbewußte Ostpolitik leisten.«

Am Ende des Parteitages ließen die neuen Männer mit Sinn für neue Symbole die Nationalhymne singen: Einigkeit und Recht und Freiheit. Als sie verklungen war, wurde auf dem Rang und zur Klampfe ein vertrauterer Ton angestimmt: »Wann wir schreiten Seit' an Seit'«. Der Ärger stand den Reformern ins Gesicht geschrieben, und Wehner wirkte, als wolle er jeden Augenblick dazwischenfahren. Doch dieses letzte, zugleich harmlose Lebenszeichen der alten Partei zu ersticken, schien nicht angezeigt. Oder war es nur das vorübergehend letzte? Einstweilen wurden die Lieder der Arbeiterbewegung in die Hinterzimmer der Traditionsstätten verbannt, und das Genossen-Du ging, bei öffentlichen Veranstaltungen, keinem mehr über die Lippen, der auf der Höhe der Zeit sein und die SPD mehrheitsfähig machen wollte. Für wie lange? Fünf Jahre? Zehn Jahre?

Nach 1968 kehrten die Rituale zurück, langsam erst, dann unaufhaltsam, und konnten doch den tiefen Bruch nicht überdecken, der sich aufgetan hatte. Die alte Partei war auf festgefügtem sozialen Grund gewachsen und hatte denen, die ihr angehörten, Heimat geboten. Ihre Zeichen und ihre Sprache waren Ausdruck eines Lebensgefühls gewesen, das zurückholen zu wollen der Suche nach der verlorenen Zeit gleichkam. Nach der glücklich verlorenen Zeit, wie die Reformer gesagt hätten. In einer Gesellschaft des Wohlstands, die ihre klassenmäßige Unterteilung eingebüßt hatte, waren die Rituale von einst auf keine Lebenslinie mehr aufzureihen. Sie wirkten komisch, weil losgelöst von der Realität. Aber die zu fliehen mag eine wenn nicht sozialdemokratische, so doch linke Eigenart sein, die nur vorübergehend nicht gepflegt worden war. Als im September 1990 die West- und die Ost-SPD zusammenfanden, blieb die Anregung, diesen Akt mit dem Deutschlandlied zu beschließen, ohne Echo.

Nach 1957 waren die symbolische Neugewandung und die organisatorische Neuordnung glaubwürdig, weil sie den politisch-programmatischen Kurswechsel untermalten und den Willen zur Verantwortung unterstrichen. Wie sehr das Gewicht einer den Realitäten verhafteten SPD, obwohl zahlenmäßig noch nicht entscheidend erstarkt, zunahm, zeigte sich schon 1963, als sie – angeleitet von dem Atlantiker Erler – entschieden auf die Präambel zum Deutsch-Französischen Vertrag drängte und sich Außenminister Schröder angewöhnte, führende Sozialdemokraten zu konsultieren.

Ein Stimmenzuwachs stellte sich ein, wenn auch nicht in dem Maße, wie von den Neuerern erhofft. 1961 hatte die SPD ein Plus von 4,5 Prozent verzeichnen können und war nun auf 36,3 Prozent gekommen, vier Jahre später fand der Kanzlerkandidat einen neuerlichen Anstieg um 3 Prozent so mager, daß er auf einen dritten Anlauf verzichtete; auch insoweit haben sich die Maßstäbe verschoben.

In der Großen Koalition wurde der Nachweis sozialdemokratischer Regierungsfähigkeit geführt und die FDP gezwungen, über mehr als nur eine Koalitionsmöglichkeit nachzudenken. Vor allem aber wirkte die Große Koalition katalysatorisch auf die außenpolitische Neuorientierung der Bundesrepublik ein, die die SPD im Sinn hatte, seit ihre eigene Wandlung hinter ihr lag.

Die Einsicht, in einer Sackgasse zu stecken, einer Sackgasse in Richtung Wiedervereinigung, war 1966 allgemein.

Bei der Amtsübergabe an den neuen Außenminister hatte Karl Carstens, der scheidende Staatssekretär, ein Papier vorgelegt, demzufolge es nur noch um Schadensbegrenzung gehe; die internationale Anerkennung des zweiten deutschen Staates schritt unaufhaltsam voran. Die Frage nach der Konsequenz entpuppte sich nicht mehr als eine des Ob, sondern des Wie: Wie zögerlich oder wie mutig würde Abschied genommen werden von der Idee, zwischen Westbindung und Wiedervereinigung bestehe ein Automatismus? Auf dem Dortmunder Parteitag, Juni 1966, hatte Helmut Schmidt die »Politik der Stärke« für »endgültig und eindeutig« gescheitert erklärt und hinzugefügt, daß deutscher Widerstand gegen die Entspannung Isolierung bedeuten würde.[14]

Diese Analyse war Programm. Programm, das die Union sich jedenfalls nicht sofort zu eigen machen konnte. Der Bruch der Großen Koalition lag in der außenpolitischen Logik des Jahres 1969 begründet. Warum ihn überbrücken, wenn sich ein sozial-liberales Bündnis rechnete? Die SPD war auf 42,7 Prozent gekommen.

In der Geburtsstunde der Ostpolitik waren das nationale Bewußtsein der Nachkriegs-SPD und die Westwendung der Godesberger Partei eine glückliche Verbindung eingegangen.

Das Doppelgesicht der Ostpolitik

DIE VERSUCHUNG IST GROSS, DIREKTE ÜBERGÄNGE von den fünfziger zu den neunziger Jahren zu konstruieren und auszublenden, was die Verlegenheiten der Zwischenzeit erst schuf – jenen eisernen Griff, mit dem die Sowjetunion ihren deutschen Kriegsgewinn umschlossen hielt.

Die Linien führen zurück zu Adenauer und der Politik der Stärke einerseits, zur SPD und der Erkenntnis, daß die Einheit nur mit der Sowjetunion zu erreichen sei, andererseits. Auf der Rechten bildet sich zusätzlich eine Nebenlinie heraus, die die Kritik an Adenauers Prioritätensetzung – Westbindung vor Wiedervereinigung – vorzeichnet. Auf der Linken ist die zweieinhalb Jahrzehnte währende Bedrohung zumal Berlins nicht einmal mehr Geschichte, sind die Vorzeichen, unter denen die ostpolitische Erneuerung einmal stand, unbekannt.

Vergessen ist, daß im Frühjahr 1946 sich zuerst die Berliner Sozialdemokraten des kommunistischen Zugriffs erwehrt und alliierten Offizieren bewußt gemacht hatten, was in der Sowjetischen

Besatzungszone zu geschehen im Begriffe war. Vergessen auch, daß Ernst Reuter, noch bevor er Bürgermeister wurde, die Amerikaner zur Einführung der D-Mark auch in den Westsektoren Berlins gedrängt und er den Selbstbehauptungswillen der Berliner personifiziert hatte; wann immer auf dem Einigungsparteitag der SPD, September 1990, sein Name fiel, rührte sich keine Hand.

Vergessen so ziemlich alles, was in zwei langen Nachkriegsjahrzehnten geschehen war und was die Fluchtbewegung aus dem sowjetisch beherrschten Teil Deutschlands, gewaltsam eingedämmt durch die Mauer, immer angezeigt hatte. Wo nichts von alledem noch lebendige Geschichte war, konnten die Ursprünge der Ostpolitik nicht mehr gegenwärtig sein und mußten sich die Folgen verselbständigen.

Es ist beklagt worden, daß andere ernteten, was die Sozialdemokraten gesät hätten. Es ist nicht beklagt worden, daß sie kaum noch hatten ernten wollen. Unter Berufung auf die Ostpolitik wurde der Nationalstaat, jedenfalls der deutsche, für überholt erklärt und die Existenz der DDR auch deshalb hochgehalten, weil sie von der Bundesrepublik so sehr verschieden war. Die Überzeugung saß tief, und sie hatte sich auch dadurch verstärkt, daß einstige Wegbereiter der Ostpolitik als entschiedene Zweistaatler hervortraten.

Bonns erster Ständiger Vertreter in der DDR, Günter Gaus, erst 1981 von diesem Posten abgelöst, war in seiner Wertschätzung der DDR und der Männer, die sie repräsentierten, nur weiter gegangen als andere; allesamt sahen sie, von einer ursprünglich nationalen Position aus, in der DDR den »deutscheren« Teilstaat und konnten sich eine Einheit immer nur als etwas Drittes vorstellen. Noch lange nachdem Willy Brandt, unter dem Eindruck der Ausreise- und Flüchtlingswelle im Sommer 1989, die »Politik der kleinen Schritte« für beendet erklärt hatte, vermutete Egon Bahr, der enge Mitarbeiter seit den Berliner Tagen, die Deutschen in der DDR würden sich ihren Staat nicht wegnehmen lassen.[15]

In zwei Jahrzehnten bleiben die Akteure nicht dieselben und die Situationen auch nicht. Erst recht machen sich Generationen, die die Anfänge der Geschichte nicht miterlebt haben, ihr eigenes Bild. Vielleicht aber hatten unterschiedliche Erwartungen auch schon am Beginn der Geschichte gestanden? Und die einen immer schon Tatbestände in die Zukunft verlängert, wo die anderen alles in Fluß und kaum berechenbar gefunden hatten? Und frühe Bruchstellen waren von dem gemeinsamen Willen, eine alte Politik durch eine neue zu ersetzen, nur überdeckt worden?

Die Nation zusammenzuhalten und mit der Teilung leben zu lernen, war ein Vorsatz, der auch 1969 und 1970 schon mehr als einen Inhalt hatte. Die Formel vom »Wandel durch Annäherung« ließ sich mißverstehen als eine Annäherung der Systeme, ein Programm, in dem eine deutsche Ostpolitik niemals aufgehen konnte. Der Versuch, die Ostpolitik in Absichten und unbeabsichtigte Folgen zu zerlegen, hilft der geschichtlichen Wahrheit, die auch in diesem Fall vielschichtig ist, nicht voran. Bewegung in erstarrte Fronten zu bringen, ist eines, die Eigengesetzlichkeit, die sich sodann entwickelt, immer etwas anderes.

Am Anfang hatte eine doppelte Einsicht gestanden: Erstens verbot sich der Einsatz militärischer Mittel, um die sowjetische Herrschaft zwischen Elbe und Oder zurückzudrängen, und zweitens bedurfte es politischer Mittel, um nicht alles zu lassen, wie es war. Die Sowjetunion sollte erkennen lernen, daß ein Neben- und Miteinander auch in ihrem Interesse liege. Anders würde das Leben im geteilten Deutschland nicht erleichtert werden können. In diesem Tribut an die Machtverhältnisse in Europa lag die ursprüngliche Sicht der DDR noch beschlossen – die Sicht eines Staates, der von sowjetischen Gnaden existierte. Das westliche Überlegenheitsgefühl schwand erst mit der Angst vor dem Kommunismus.

Daß der Kommunismus am Ende sei, die Freiheit stark und der Wohlstand stolz mache und man der eigenen Werte gewiß sein könne, war der Tenor mehr als einer Rede, die 1989 nicht zum erstenmal, sondern schon in dem Jahrzehnt zwischen 1959 und 1969 gehalten wurden. Der Tribut an die imperiale Macht der Sowjetunion aber war nicht zu vereinbaren mit dem Versuch, die kommunistischen Regime zu untergraben, vielmehr galt es, sie zumindest zu respektieren. Das eine war ohne das andere nicht zu haben, und der Grat schmal, auf dem man wandelte. Konnte es anders sein, als daß Gewöhnung eintrat? Und die Gewöhnung viele Formen annahm?

Als das Gleichgewicht zwischen machtpolitischem Einvernehmen und antikommunistischer Gesinnung immer schwieriger zu wahren war, suchten die Innenminister der SPD nach neuem Halt. Der Extremistenerlaß ist von jener inneren Dynamik, die die Ostpolitik freigesetzt hat, nicht zu trennen. Wegen der bizarren Praxis, der der Erlaß den Weg ebnete, aber auch weil im Zuge ostpolitischen Umgangs aus der Mode geriet, Kommunisten noch als solche zu benennen, wollte später keiner mehr der Urheber gewesen sein. Tatsächlich hatte die innersozialdemokratische Diskussion um das Verhältnis zu den Kommunisten weit in die Öffentlichkeit ausgestrahlt. Was mit dem Godesberger Programm längst abgehakt schien, beschäftigte die Phantasie der Linken stärker als Ziele und Wege der

Ost- und der Deutschlandpolitik. Bereits vierzehn Monate, bevor die Ministerpräsidenten der Länder die Angehörigen des Öffentlichen Dienstes auf die »freiheitlich-demokratische Grundordnung« verpflichtet (und dabei die bestehende Rechtslage nur bestätigt) hatten, sah die SPD-Führung Anlaß zu einem Unvereinbarkeitsbeschluß. Sie ließ Dinge dokumentieren, die jedenfalls seit Godesberg hätten selbstverständlich sein sollen: »Das Bekenntnis zur rechtsstaatlichen Demokratie, zur politischen und geistigen Freiheit ist für die Sozialdemokratie unabdingbar.«

Der entscheidende Gegensatz zwischen sozialdemokratischer und kommunistischer Politik wurde immer wieder beschworen und mit dem Gegensatz zwischen Selbstbestimmung und Fremdbestimmung benannt. Zugleich – dieses Zugleich zu einem so frühen Zeitpunkt kennzeichnete das Dilemma – wurde das Bemühen der Bundesregierung hervorgehoben, das der »Entkrampfung der Beziehungen mit dem von Kommunisten regierten Staate im anderen Teil Deutschlands« gelte, »der Verhinderung weiteren Auseinanderlebens und der Erhaltung der Verbindung zwischen den Deutschen in beiden Teilen«.[16]

Einen knappen Monat, nachdem dieser Beschluß öffentlich gemacht worden war, hatte sich der Bundeskanzler, soeben von seinem historischen Besuch in Warschau, Dezember 1970, zurückgekehrt, genötigt gesehen, dem Juso-Bundeskongreß Rede und Antwort zu stehen und Rechtfertigung zu üben – für den Versuch, die Gesellschaft schrittweise zu ändern, und für den Anspruch, die eine »integre« SPD zu repräsentieren.[17] Immerhin war es ihm zwei Jahre später noch möglich, der Partei ein Motto aufzudrücken, das sie hernach kaum noch hingenommen hätte und heute als Absurdität bezeichnet worden wäre: »Deutsche, Ihr könnt stolz sein auf Euer Land.« In dieser Parole erfüllte sich jene 1957 eingeleitete Erneuerung der SPD, die die innere Aussöhnung mit dem Staat Bundesrepublik eingeschlossen hatte. Unwillen hatte sich auch 1972 geregt, wenn auch noch nicht so deutlich wie vier Jahre später, als Helmut Schmidt das »Modell Deutschland« plakatieren ließ.

In jener Wahl 1972 haben sich sehr verschiedene Motive in der Zustimmung zur SPD überlagert. Sie reichten von der Erleichterung über den inneren und äußeren Aufbruch bis zur Erwartung radikalen Wandels. Von zeitüberdauernder und legitimierter deutscher Zweistaatlichkeit redete – solange die Verträge noch nicht unterschrieben und beurkundet waren – kaum einer. Die Existenz zweier Staaten auf deutschem Boden galt als Faktum, mit dem man sich zu arrangieren haben würde, nicht als der Geschichte letztes Wort und auch nicht als deren Strafe.

Welche Ironie, daß Wandel eintrat, als Mitte der siebziger Jahre und nachdem die Ostpolitik an ein vorläufiges Ende gekommen war, Realismus verkündet wurde. Daß im Namen des Realismus Normalität einkehrte, Normalität im Umgang mit den kommunistischen Herrschern, war der Kraft der Fakten und der Zeit zuzuschreiben und einer Mischung aus verschiedenen Motiven: einem neu erwachten gesamtdeutschen Bewußtsein; einem Sinn für Ordnung und Hierarchie, die manch ein konservativer Sozialdemokrat im Ostblock gewahrt fand; einer antifaschistischen Gemeinsamkeit, die herauszustreichen und der zu schmeicheln das Bestreben der Kommunisten wurde; einer Prinzipiennähe, die manch westlicher Sozialist in der Aufhebung des Privateigentums garantiert fand.

Was das Regime in Warschau anging, so überlagerte eine besondere Polenfreundschaft, geschichtlich begründet und geboren aus dem Wunsch nach Wiedergutmachung, nicht nur die ökonomische Vernunft, sondern auch das Gebot, Abstand zu wahren.

Wie vielfältig und wie wirkungsmächtig die Motive auch gewesen sein mögen, die den Einstellungswandel herbeigeführt und beschleunigt haben, ohne den Auftritt einer Generation, die vorläufige Ergebnisse einer auf Bewegung angelegten Politik als endgültig nahm, wären deren frühe Lebenslinien nicht so rasch gekappt worden. Ihre Maßstäbe hatte sie erst nach den Berlin-Krisen und nachdem der zweite deutsche Staat verbarrikadiert worden war, gewonnen. Außenpolitischer Handlungsspielraum auch nach Osten und vertrauter Umgang mit der DDR, wie sie nun auch offiziell hieß, waren ihr selbstverständlich.

Die Akten werden eines Tages ausweisen, wie sehr sich das Regime in Ost-Berlin der Gefährdung bewußt war, die die Ostpolitik heraufbeschwor. Doch wie der Zwangslage entkommen? Um den Staat zu stabilisieren, brauchte man die Anerkennung, die die Ostpolitik teils erforderte, teils bescherte. In Kauf nehmen mußte man dafür ein Mindestmaß an Öffnung. Auch der Grat zwischen existenzsichernder Abgrenzung einerseits und der die Existenz erleichternden Annäherung andererseits war schmal, zu schmal, wie sich schließlich herausstellen sollte.

Die westdeutschen Partner stellten den geringen Manövrierraum, ob bewußt oder nicht, in Rechnung und enthielten sich zunehmend der Kritik an inneren Zuständen. Im Gegenteil, schon das geringste Zeichen gesamtdeutschen guten Willens wurde belohnt. Nähe suchen und Distanz wahren wäre schwierig gewesen auch dann, wenn die westliche Linke das Überlegenheitsgefühl genährt hätte. So aber dauerte es nicht lange, bis ein Mantel des Schweigens die Schande zudeckte und der Kontakt mit den

Mächtigen sich so weit verselbständigt hatte, daß nach den Menschen kaum noch gefragt, sondern eher unterstellt wurde, sie seien's zufrieden.

Eine Angelegenheit der Linken und ihrer fiktiven verwandtschaftlichen Nähe zu einem System, das sich sozialistisch nannte? Auch als 1982 die Regierung abermals gewechselt hatte, konnte man sich in Ost-Berlin viel leisten. Solange ein deutsch-deutscher Wille sichtbar blieb, riskierte man nicht einmal einen Verweis. In der Raketenkrise 1983, als sich die Fronten zwischen Ost und West zu verhärten drohten, sandte Honecker Signale aus, daß man sich das gute Einvernehmen nicht trüben lassen wolle. Die Regierung Kohl war erleichtert und dankbar; die vorgezeichneten Wege weiterzugehen, hatte sie keinen Augenblick gezögert. Die Tischrede, die der Bundeskanzler anläßlich des mit rotem Teppich und Hymne verzierten Honecker-Besuchs, September 1987, hielt und in der er das Regime einer ungewohnt deutlichen Kritik unterzog, blieb eine Ausnahme, die eine neue Politik nicht begründete und nicht einmal neue Akzente setzte.

Auch nachdem Gorbatschow in seinem eigenen Reich die Zügel gelockert hatte und sich die DDR-Führung stur stellte, ahnend, daß andernfalls das Staatswesen bedroht wäre, klagte niemand in Bonn Liberalisierung auch im anderen deutschen Staat ein. Mehr als einem Gast des deutschen Westens offerierte Honecker einen Wodka »Marke Gorbatschow« und stieß auf »den deutschen Weg« an, den man weitergehen wolle. Welcher Besucher hätte darob nicht erfreut sein sollen? Von Einheit mußte deshalb niemand reden und vielleicht nicht einmal daran denken. Es wird auch immer ungeklärt bleiben, ob aus Mangel an Phantasie oder Angst vor der großen Veränderung der Sprengstoff nicht erkannt wurde, der in der Moskauer Aufgabe der Breschnew-Doktrin steckte.

Wenn der Tribut an die Macht erst einmal entrichtet ist, wird man bescheiden, kurzsichtig und rücksichtsvoll. Daß die Bundesrepublik diesen Tribut entrichten solle, war innenpolitischer Konsens – spätestens seit dem Regierungswechsel von 1982 und nicht nur des übergeordneten Friedensgebots wegen. Für die ostpolitische Kontinuität erhielt die christlich-liberale Koalition das Lob der SPD, und es schien, als sei die Deutschlandpolitik des Streits enthoben. Aus der Opposition kamen Rufe, eine eigene Staatsbürgerschaft der DDR hinzunehmen und die Erfassungsstelle in Salzgitter abzuschaffen. Aber daß damit neue Fronten aufgerissen wären, hat zu Lebzeiten der DDR keiner unterstellt. Die Symbolkraft beider Forderungen enthüllte sich erst, als jener Staat, dem sie hatten nutzen sollen, nicht mehr war.

Die Unionsparteien handhabten, einmal in der

Verantwortung, das ostpolitische Instrumentarium pragmatisch. Rechtfertigung hatten sie nicht nötig, weder sich selbst noch anderen gegenüber. Ideologischer Nähe unverdächtig, pflegten sie einen unbefangenen, bisweilen auch anbiederischen – Beispiel Strauß – Umgang mit den Mächtigen des anderen deutschen Staates.

Als die Sowjetunion die schützende Hand von der DDR nahm und diese aus den Fugen geriet, bedurfte es nur eines Augenblicks, bis Kohl und seine Partei erkannten, daß nun der eine große Schritt zu tun sei. Mit der Bundesrepublik, der besten aller deutschen Welten, befanden sie sich im reinen, im Innern wie nach außen, irgendeinen besonderen Sinn hatten sie in die DDR nie hineingelegt und die Zweistaatlichkeit nicht für ein anderes denn eine machtpolitische Vorgabe gehalten. Zwei meinen nicht immer das gleiche, wenn sie das gleiche tun.

1990 waren erst anderthalb Jahrzehnte vergangen, seit die Suche nach Bewegungsfreiheit an ein vorläufiges Ende gekommen und der Bewahrung eines neuen Status quo untergeordnet worden war. Zu erkennen, daß auch fortan das eine das andere bedingte und die Politik der kleinen Schritte die DDR stärker destabilisierte, als es im Zeichen der sowjetischen Besatzung den Anschein hatte, hinderten manchen Linken sein statisches Geschichtsbild und der Sinn, der diesem unterlegt wurde.

Eine Generation wird abgewählt

Hatte der Zufall seine Hand im Spiel? Oder rückte eine geschichtliche List jene beiden Ereignisse in zeitliche Nähe zueinander? War 1968 die vorweggenommene Rache für 1969 und die notwendige Antwort der einen Linken auf die Suche einer anderen Linken nach Mehrheit und Macht? Studentenrevolte und Regierungsübernahme der Sozialdemokraten Ausdruck zweier linker Möglichkeiten?

Der 68er Mythos ist zählebig. Daß erst am Ende jener sechziger Jahre die Studenten, ihre Vor-, Mit- und Nachläufer, der Bundesrepublik die demokratische Feuertaufe beschert und diese ziviler gemacht hätten, wollten die Erben der Bewegung noch glauben machen, als ihnen der Boden längst weggebrochen war. Wie seinerzeit das innere Klima in der Bundesrepublik beeinflußt wurde, ob nur zum Guten oder auch zum Bösen, mögen die Historiker klären. Der 69er Wahlsieg jedenfalls war nicht die Folge der Studentenbewegung, sondern Ergebnis jener Wende in die Wirklichkeit, die die SPD 1957 eingeleitet hatte.

Nun aber regte sich links von der SPD und bald auch in dieser selbst eine Generation, die nicht gewillt war, das Erlebnis des Kalten Krieges und die politischen Konsequenzen, die darin beschlossen lagen, anzunehmen. Was folgte daraus und was aus jenem anderen Spezifikum der deutschen Studentenbewegung? Hatte sie sich nicht vorgenommen, die nazistische Vergangenheit aufzuarbeiten und den Eltern und Großeltern zu zeigen, wie man Widerstand macht?

Über dem antiautoritären und sonstigen Gebaren ist oft übersehen worden, daß in Deutschland die Studentenbewegung zuerst durch die deutsche Vergangenheit geprägt sein wollte: Die Väter hätten versagt, und die Identifikation mit der Bundesrepublik, von eben diesen Vätern geschaffen, verbiete sich daher von selbst. Statt dessen Widerstand gegen den Kapitalismus, der da sei, und gegen den Faschismus, der neuerlich drohe. »Wer aber vom Kapitalismus nicht reden will, sollte auch vom Faschismus schweigen«, hatte Max Horkheimer, neben Adorno zweiter Ahnherr der Bewegung, schon 1939 verfügt und den Nachlebenden das Stichwort gegeben. Antikapitalistisch sein aber hieß den Marxismus zu neuem Leben erwecken. Die Voraussetzung hatte die SPD selbst schaffen helfen, indem sie diesem abgeschworen und ihn gleichsam freigegeben hatte – zur Aneignung durch andere.

Heute wird mit dem Ende des sowjetischen

Imperialismus auch das Ende der sozialistischen Ideologie festgestellt und gedeutet. Tatsächlich aber hätten die Völker Europas, die unter der Herrschaft Moskaus lebten, auch das System dieser Herrschaft abgeschüttelt, wenn nicht schrecklichere Unterdrückung gedroht hätte. Welche Sehnsucht sprach aus den Befreiungsversuchen 1953, 1956, 1968, 1980! Erst als die Angst schwand, in den Jahren nach dem Machtantritt Gorbatschows, faßten die Menschen Mut und fanden Zutrauen zu sich und ihrer eigenen Kraft.

Die Vorstellung, leben zu wollen wie im Westen, war nicht erst 1989 über sie gekommen. Darüber so lange Zeit hinweggesehen zu haben, war Folge auch jener Renaissance, die sozialistische Klassiker in den späten sechziger und frühen siebziger Jahren erfahren hatten. Die Ehrenrettung des Marxismus durch die westliche Linke erstickte das freiheitliche Bewußtsein, dessen es zuerst bedurfte, um die europäischen Umbrüche ermessen zu können. Diese Ehrenrettung hatte weitreichende Folgen auch noch, als der Marxismus zur »moralisch anspruchsvolleren Alternative zum Kapitalismus«[18] hochstilisiert worden war. Die Verkündigung vom Ende des Kommunismus war Herzens- und Verstandessache der erneuerten SPD gewesen und der Ostpolitik voraufgegangen. Sie hatte sich relativiert, als der neue Kurs noch kaum sichtbar geworden war. Der ostpolitische Grund war aufgerissen, bevor er trug.

So wie der Marxismus, in welcher Form auch immer, dem zweiten deutschen Staat eine unverhoffte Weihe gab, so auch der Antifaschismus, Wesensmerkmal der DDR noch über deren Tod hinaus. Antifaschismus hatte 1968 eine Bewegung umgetrieben, in deren schrecklicher Logik es lag, den Blutzoll, den der deutsche Widerstand tatsächlich entrichtet hatte, der Vergessenheit anheimzugeben und dem deutschen Volk Buße aufzuerlegen. Buße durch die Teilung seines Landes. Das Bild von der Vergangenheit bestimmte das Bild von der Zukunft: Wenn der deutsche Nationalstaat im Nationalsozialismus gegipfelt war, durfte Deutschland erstens nicht mehr vereinigt sein und mußte zweitens ein Staat, der vorgab, alle Traditionslinien gekappt zu haben, zu Ansehen kommen.

In einem Protestantismus, der das Schuldbewußtsein besonders groß schrieb und in der Folge der 68er Umwälzung politische Ansprüche auf moralische Vormacht erhob, dabei die Sozialdemokratie nachhaltig beeinflussend, fand diese Deutung zusätzliche Nahrung. Welche Parallelen trotz Mauer und Eisernem Vorhang! Im oppositionell-protestantischen Milieu der DDR galt der gleiche Grundsatz, und im sozialdemokratischen Gründungsaufruf wurde die Anerkennung der Teilung Deutschlands wegen der schuldhaften Vergangenheit ausdrücklich anempfohlen.[19] Daß sich die Linke so schwer mit der Einheit tat, war in West und auch in Ost angelegt.

Im Westen hatte Günter Grass, einst für die SPD trommelnd, nur zugespitzt, was weithin gedacht und gefühlt wurde. Sein Wort, daß nach Auschwitz die deutsche Nation sich nicht mehr unter einem staatlichen Dach zusammenfinden dürfe, fand ein weites Echo, im Ausland, zumal in Frankreich, aber auch im Innern. Was führte doch Joschka Fischer, wenige Tage vor der Einheit, ins Feld? Die Vergangenheit und die D-Mark, die zusammen den neuen Nationalismus ausmachten: »Hurra, Deutschland!« Der Bilderbuch-68er, der es zum ersten grünen Minister gebracht hatte: »Ich jedenfalls hebe mir meinen Jubel für in zehn Jahren auf, für den 3. Oktober 2000. Bis dahin dürfte sich erwiesen haben, ob zum Jubeln oder zum Haareraufen Anlaß besteht.« Er unterstellte, daß sich seine dunkle Prophezeiung von selbst erfülle.[20]

Aus Antifaschismus und Marxismus war der Stoff, der ein Weltbild abgab. Ein Weltbild, in das die vorbehaltlose Anerkennung der Bundesrepublik nicht hineinpaßte und die vorbehaltlose Ablehnung der DDR auch nicht. Warum aber war der Traum von einem einigen Deutschland ausgeträumt worden – auf so lange Zeit und bis die Fakten ihre normative Kraft entfalteten? Warum ging es nicht mehr, wie in der ersten Nachkriegszeit, um ein Deutschland, in dem beide Teile aufgehoben sein würden?

Zwanzig Jahre nach ihrer Gründung war die Bundesrepublik so gefestigt und hatte einen so unverwechselbaren Charakter gewonnen, durch den Machtwechsel von 1969 noch unterstrichen, daß jeder Ruf nach einem Dritten Weg ins Leere hätte gehen müssen. Und auch am Bestand der DDR war nicht mehr leicht zu rütteln, die ostpolitische Anerkennung zeigte es deutlich. Mehr noch, die Ressentiments gegen das eigene westliche Deutschland gediehen erst vor dem Hintergrund des Gegenbildes.

Warum sonst wäre, als das Ende eingeläutet war, auf der Linken so sehr nach den Hinterlassenschaften der DDR gesucht worden? Noch im nachhinein sollte, um der liebgewordenen Vorstellung wegen, ausfindig gemacht werden, was man westlich der Elbe vermißte, von individueller Genügsamkeit über soziale Wärme bis zur statischen Ruhe des Lebens überhaupt. Nichts von alledem hielt der Wirklichkeit stand, es waren Projektionen derer, die sich mit den westlichen Gegebenheiten nicht abfinden mochten.

Woher sonst kam das Nicht-wahrhaben-Wollen dessen, was ist, auch noch, als die DDR einsehbar wurde und zerfiel? Woher sonst das Leitmotiv, noch in der Rückschau lebendig, daß nicht sein kann, was nicht sein darf? Woher schließlich die Überraschung, daß das System in sich zusammenfiel, im gleichen Augenblick, in dem die Sowjetunion den Dingen ihren Lauf ließ? Überrascht konnte nur sein, wer ein inneres Einverständnis der Menschen mit ihrem Staat unterstellt hatte.

So war es kein Zufall, daß der Hochmut, mit dem schreibende 68er das vierzigjährige Jubiläum der Bundesrepublik begleiteten, und der Spott, den sie ausgossen, einhergingen mit der Scheu, ja mit dem Unwillen, der Wirklichkeit des anderen deutschen Staates auch nur einige Sätze zu widmen. Die Bilder, die bestanden vom westlichen und vom östlichen Deutschland, ergänzten einander. War bedauerlich, daß die DDR unterging, mußte nun auch bedauerlich sein, daß die Bundesrepublik von der Bildfläche verschwand.

Dieselben Kommentatoren, die – September 1989 – mit der Bundesrepublik nicht allzuviel, jedenfalls nicht allzuviel Gutes, anzufangen wußten, entdeckten – September 1990 – ihr Herz für diesen »faden, kleinen, ungeliebten, praktischen Staat Bundesrepublik Deutschland«. Über deren Untergang zeigte sich nicht nur Patrick Süskind, der Schriftsteller, »ein wenig traurig.«[21] Andere brachten einen regelrechten Tusch auf ein Staatswesen aus, das bis dato nicht das ihre gewesen war.

Die Umwertung durch die 68er wird sichtbar.

Wie aber kam es, daß die Linien, wieder und neu begründet, so lange, mehr als zwanzig Jahre, gehalten haben? Und mit so viel Trotz behauptet wurden, noch über das Ende der Zweistaatlichkeit hinaus? Und, wichtiger noch, eine solche Wirksamkeit entfalteten? Daß die 68er Bewegung in tausend Stücke zerfallen war, von der Roten-Armee-Fraktion bis zu etablierter Bürgerlichkeit, machte eben nur die eine Seite aus. Die andere Seite hatte so schnell einen so systemkonformen Anstrich erhalten, daß sie nicht weiter auffiel. Bis die Frage aufkam: Woher kommt die Antieinheitsstimmung derer, die in den Vierzigern sind und in der Linken des Westens das Wort führen?

Ein beträchtlicher Teil der politisch ambitionierten 68er war, früher oder später und soweit nicht grün eingefärbt, in die SPD geströmt, um diese erst durchzuschütteln und schließlich zu erobern. Lange Jahre hatten sich alte Godesberger und junge 68er um die Ausrichtung der Partei gestritten, seit dem Machtverlust 1982 aber war das Gewicht zugunsten der 68er verschoben worden, die heute die SPD prägen. Unter dem Zwang einer großen Organisation legten die Rebellen von einst manche Gewohnheiten ab, nicht aber den Anspruch auf die höhere Moral und nicht auf die einmal gewonnenen Überzeugungen. In unruhigen Zeiten ist leicht Einkehr halten, und Umkehr ergibt sich fast von selbst. In ruhigen Zeiten aber, Zeiten, die zu allem anregen, nur nicht zur Selbstprüfung?

Die 68er wuchsen in beispiellosen Wohlstand hinein. Und war nicht die Bewegung überhaupt angetreten mit dem Willen zum Wohlleben? Was hatte sie stärker in den Bann geschlagen als Herbert Marcuses »Eindimensionaler Mensch«? Gewiß, die Einheit von Klassenkampf und Libertinage, die er gepredigt hatte, hielt nicht und auch nicht der Schwur auf die nachrevolutionäre Zukunft, in der sich das Individuum werde ausleben können. Doch ein Rest blieb.

Zur Schau getragene Lust am guten Leben geht fast immer einher mit Selbstzufriedenheit, bisweilen auch Selbstsucht. Das Herz wird träge und die Solidarität als Last empfunden. So gingen die intellektuell erfaßte Zweistaatlichkeit und das emotional erfahrene Wohlleben eine unselige Verbindung ein. Die Überheblichkeit, die daraus erwuchs, hat den 68ern – denen, die politisch überlebten – einen Streich gespielt und sie gehindert, die Zeichen der Zeit zu erkennen. Die Geschichte hat sie überlistet und – abgewählt. Auf geschichtlichen Wandel war die Generation der 68er nicht vorbereitet und nicht einmal darauf, daß das eigene Weltbild Risse erhielt. So versagte sie in jenem Augenblick, der zur Epoche wurde.

Masse und Marginalität

Hat das Jahr 1968 auch die Heimkehr der Linken zu sich selbst und zum gewollten Minderheitendasein eingeleitet? Eine Heimkehr, die sich, verschiedener Umstände und Personen halber, mit Zeitverzug niedergeschlagen hätte? Läuft eine mehrheitsfähige Linke immer Gefahr, sich selbst untreu zu werden? Die Godesberger Sozialdemokratie wollte keineswegs für die Linke stehen, sie verstand sich allenfalls als linke Volkspartei. Der Preis war hoch, als ihr eigener Wille sich erfüllte und sie Verantwortung trug.

Die Linke verlief sich in verschiedene Richtungen. Soziale Bewegungen und die Grünen, ihr eigenes Minderheitendasein kultivierend, wirkten in eine SPD hinein, die ihrerseits im Begriff stand, Godesberger Grundentscheidungen zu relativieren und nur noch Ausschnitte aus der deutschen Wirklichkeit wahrzunehmen. Was die Mehrheit dachte und fühlte, in Deutschland-West und in Deutschland-Ost, stand nicht länger im Mittelpunkt ihrer Politik.

Im grün-alternativen Spektrum ist beizeiten Kontakt zu Oppositionellen des Ostens geknüpft, auch mancherlei Hilfe gewährt worden. Der systemstabilisierende Umgang mit den Herrschenden, Personen wie Parteien, oblag einem Teil der Linken, der traditionell auf den Staat setzte oder das nukleare Friedensgebot so absolut hielt, daß alles andere nicht mehr zählte. In der Haltung den Kommunisten gegenüber schlugen sich die Differenzen nieder, die Rot und Grün trennten, aber auch die Gemeinsamkeiten, die sie verbanden. Sie teilten die Mißachtung all dessen, was die Massen erfüllte. In den Nationalstaaten des einstigen Ostblocks hatten diese ihre Sprecher gefunden, im deutschen Teilstaat hingegen?

1968 war die alte Tradition der direkten Demokratie wiederbelebt worden, im grün-alternativen Lager hatte sie eine Heimstatt gefunden und, als die Zwänge sich lockerten, in der DDR ein vermeintliches Land neuer Möglichkeiten – nicht trotz, sondern gerade wegen der vorhandenen gesellschaftlichen Basis. Auf dem Boden sozialistischer Gegebenheiten, Berührungspunkt zwischen Rot und Grün, gediehen die Träume, die in der Bundesrepublik nicht gedeihen mochten. »Die Sache der westlichen Marginalisierten – es ist fast die ganze politische Generation nach 1968 – ist nun, da sie von ihren Regierungen so schlecht vertreten wird, vielleicht in den Händen ihrer östlichen Freunde, die ihrer Generation angehören, aufgehoben«, lautete eine von vielen Projektionen.[22]

Mochte man im Rückblick übersehen, was die übergroße Mehrheit vierzig Jahre lang im Sinn gehabt und in millionenfacher Flucht demonstriert hatte, spätestens bot die Flüchtlingswelle des Sommers 1989 einen Anschauungsunterricht, wohin sich die Massen, einmal im Besitz des Selbstbestimmungsrechts und der Wahlfreiheit, wenden würden. Daß sie leben wollten wie im deutschen Westen, kam einer Erscheinung gleich, als die deutschen Grenzen fielen.

Das Maß war immer und jetzt erst recht die Bundesrepublik. Wie aber hätte es einer zugeben sollen, der eben dieses Maß nicht anerkannte? Wie hätte sich einer der Verantwortung stellen sollen, der sich im Besitz einer höheren Einsicht wähnte und zu wissen meinte, was den Menschen nutze? Was brauchte es, um auch jetzt noch auf die Erneuerung der DDR zu setzen? Daß Herr einer staatlichen Vereinigung, zumal einer raschen, die Bundesrepublik sein würde, ahnte man – die Schattenseiten übersteigernd – beizeiten. Woher aber die Anmaßung, sie zu verhindern und statt dessen in der DDR einer »zivilen Gesellschaft« Raum zu geben? Warum die Leugnung, daß die DDR zuerst jene zum Einsturz gebracht haben, die sie, über die Jahrzehnte hin und dann mit geballter Macht 1989/90, verließen und zu verlassen gewillt waren?

Über den Anteil der Bürgerrechtler am Untergang der alten DDR ist nicht zu rechten, und Mut und Überzeugungstreue sind über jeden Zweifel erhaben. Warum auch sollte es nicht der Ehre wert gewesen sein, eine andere DDR und damit ein Gegenstück zur Bundesrepublik schaffen zu wollen? Oder, wenn die Einheit schon nicht aufzuhalten war, ein Deutschland herbeizureden und -schreiben, das nicht nach dem Bild seines westlichen Teils entstehen würde?

Doch die Frage ist nicht die des Modells, sondern die des Anspruchs. Zu keiner Zeit, auch in den ersten Stunden des Umbruchs nicht, haben die Oppositionsgruppen für die Bevölkerung sprechen können. Auch insoweit war ihre Marginalisierung in der Volkskammerwahl vom März 1990, bestätigt in den nachfolgenden Urnengängen, keine Überraschung. Warum wird dennoch unterstellt, daß die Mächte und die Mächtigen des deutschen Westens die Demokratie in der DDR verhindert und die Menschen gehindert hätten, von der Freiheit den Gebrauch zu machen, den sie hätten machen sollen? Eine doppelte Erklärung bietet sich an, über den aktuellen Fall hinaus und weit in die Seele der Linken hineinreichend.

Es wird verdrängt, was Gesetz und Gewohnheit durcheinanderzubringen droht; man glaubt, die Massen seien nicht aufgeklärt und verführt. »Die« Massen galten in der Linken immer alles, und sie in den Blick zu nehmen, ist ihr selbstverständlich. Doch die Massen, auf die sie sich beruft, sind ein Abstraktum und an keiner Wirklichkeit je zu messen. Sie verhalten sich meist anders, als im Entwurf vorgesehen, und beflügeln die Suche nach den Schuldigen und das Gefühl der Erhabenheit.

»Auf seiten der Linken ist Marginalität ein Lebensgefühl«, hat Jürgen Habermas bekundet – gewiß nicht zufällig unter Bezugnahme auf die deutsche Einheit. In dieser Diagnose ist genau jene Gleichung enthalten, die der Linken eigen ist: Dem Schwur auf die Massen entspricht der Hochmut, über sie zu verfügen. Welch intellektuelle Arroganz steckte in dem Wort vom »D-Mark-Nationalismus«, das eben jener bedeutende Sozialphilosoph prägte.[23]

Woher nimmt einer das Recht, das Streben nach Wohlstand gering zu achten, es loszulösen aus dem ideellen und materiellen Gefüge, das eine Währung erst stark macht, und es zu vermengen mit einem Nationalismus, der nur dunkle Erinnerungen weckt? Die Entschiedenheit, mit der ein so gelehrter Linker gegen den offenkundigen Willen der großen Mehrheit zu Felde zieht und für den ebenso deutlichen Wunsch der kleinen Minderheit Partei ergreift, diesen dabei zu allgemeiner Gültigkeit steigernd, öffnet einen Abgrund.

Wäre es gegen das Lebensgefühl der Linken,

sich einmal im Strom der Mehrheit zu finden? Bezöge sie immer dort Position, wo Mehrheit und Macht weit sind? So hat sich mit dem Thema der deutschen Einheit ein anderes altes Thema neu gestellt: das Verhältnis der Linken zu Freiheit und Demokratie.

Die programmatischen Parolen mehrerer Anti-Einheits-Schriften zielen auf eine »zivile Gesellschaft«.[24] Ihre Konturen bezeichnet jener Runde Tisch, an dem die Oppositionellen, ermuntert von Gleichgesinnten aus dem Westen, die DDR, einem demokratischen Urakt gleich, ihrer zweiten Gründung hatten zuführen wollen. Die »Formen gesellschaftlicher Selbstaufklärung«, die an diesem Tisch erdacht wurden, sind in den Verfassungsentwurf für die erneuerte DDR eingegangen. Für Konflikte, »denen intensive moralische Dissense zugrunde liegen«, habe, so der Ausgangspunkt, »das Prinzip der Mehrheitsentscheidung seine integrierende Funktion bereits weitgehend verloren«.[25]

Die »zivile Gesellschaft« der deutschen Linken in West und Ost bezeichnet eine friedliche Variante des Anarchismus – die Abwesenheit von Macht, ein öffentliches Korrektiv in der repräsentativen Demokratie, die Herrschaft des Plebiszits, das vor »kollektiver Selbstschädigung« bewahre, eine sich selbst genügende Gesellschaft ohne innere und ohne äußere Grenzen. Eine solche »zivile Gesellschaft« und ein Nationalstaat westlichen Musters gehen nicht zusammen.

Der SPD ist, von den Anhängern dieses altneuen Modells, vorgeworfen worden, die »Demokratielinie« verlassen und damit das Oppositionsbündnis geschwächt zu haben.[26] Der Vorwurf spiegelt das Dilemma einer Partei, die Minderheit bleiben und Mehrheit werden möchte. Aus dem Bund der »Marginalisierten« auszusteigen, war lebensnotwendig für eine Partei, die aller Vorbehalte zum Trotz immer auch an die Regierung denkt und die repräsentative Demokratie der Bundesrepublik Deutschland nicht in Zweifel zieht. Diesem Bund dennoch Nähe zu bekunden, ist ihr zugleich Herzenssache geblieben, und in manchen Rufen nach konstitutioneller Reform und Einführung plebiszitärer Elemente drückt sich diese Nähe aus.

Im Zustand innerer Zerrissenheit findet sich die Sozialdemokratie nicht erst seit dem Machtverlust 1982. Seit sie Regierungsverantwortung übernommen hatte, wurde der Anschauungsunterricht geliefert: Die Balance zwischen Mehrheit und Minderheit kann keine Partei auf Dauer halten. Doch Ursache und Wirkung seien nicht verwechselt. Man beschließt nicht, heute dies und morgen das zu sein. Die Aussicht auf Mehrheit und Macht öffnet sich mit der Hinwendung in die Wirklichkeit, nicht mit der Flucht aus der Wirklichkeit.

Fluchtburg Europa

Dass der Krieg Wahrheiten ans Licht bringt, die sonst verborgen bleiben, hat nicht erst Charles de Gaulle festgestellt. Aber nur der Krieg? Auch in epochalen Umwälzungen hebt sich der Vorhang, und der Blick auf die Bühne wird frei: War geträumt, was man sich vorgestellt? Als die Sowjetmacht zerfiel, erstand die Nation, nicht nur in Deutschland, wieder auf, und als der Golfkrieg geführt wurde, schwand der Glaube an die nahe Politische Union Europas. Wenn Europa im fernen Bombenhagel Schaden genommen hat, konnte es nicht sehr festgefügt sein.

Die verbindenden Linien kreuzten sich in Deutschland. Zumal die Franzosen hätten sich im Nahen Osten nicht engagiert, wie sie sich engagiert haben, wäre ihnen eine Demonstration der Macht gegenüber dem erstarkten Nachbarn nicht willkommen gewesen. Mitterand in deutlicher Anspielung nach dem Krieg: Wenn die internationale Gemeinschaft das Selbstbestimmungsrecht garantiere und den Angreifer bestrafe, könne Frankreich nicht »desertieren«.

Deutschland selbst tat sich, auf allen Seiten des Meinungsspektrums, schwer, die europäische Auswirkung der nationalen Verunsicherung zu ermessen. Seither wird neu gerechnet, und die deutschen wie die europäischen Dinge werden neu gewichtet. Der Preis der Verweigerung ist hoch – national wie international.

Über den Prinzipienstreit ist die Zeit hinweggegangen. Wer möchte in eine gesamtdeutsche Verfassung noch hineingeschrieben wissen, daß sich das vereinte Deutschland als Provisorium verstehe und in den Vereinigten Staaten von Europa aufgehe? Die Fakten haben gesprochen, und niemand mehr entzieht sich den praktischen Problemen, die sich in den neuen Ländern stellen. Insoweit sind die Schlachten geschlagen und gehören der Vergangenheit an; längst verlaufen die innenpolitischen Fronten gesamtdeutsch.

Und dennoch ist der eine große Trennungsstrich zwischen dem Gestern und dem Heute nicht zu ziehen. Wie auch? Wo auf der Linken ist bisher der Versuch gemacht worden, alten Irrtümern auf den Grund zu gehen, um neue zu vermeiden? Wo aber das Vertrauen im großen verspielt und nicht wettgemacht wurde, ist es im kleinen nicht leicht wiederzugewinnen. Daß die Regierung versagt und sich abnutzt, ist ein Gesetz der Serie und der Anstrengung; kein Kanzler ist noch auf der Höhe der Zeit, wenn Außerordentliches hinter ihm liegt. Aber Politik ist kein Nullsummenspiel. Daß die Opposition den Nutzen zieht, steht nirgends geschrieben, und daß sich das politische Spektrum, zumal in Zeiten sozialer Spannung, auffächert und radikalisiert, bleibt eine ernste Möglichkeit. Fehler und Fehlkalkulation anderer helfen nur, wenn der Wille zur Verantwortung mehr ist als eine Redensart. Diese Verantwortung ist nicht teilbar in innere und äußere Angelegenheiten und die Einheit auf eine Frage der Rechts- und Sozialpolitik nicht zu reduzieren.

Verantwortung für das eigene Land schließt die Anerkennung der Gegebenheiten ein. Größe und Geographie und Wirtschaftskraft eines Landes sind nicht in das Belieben seiner Politiker gestellt. Die Forderungen, weltweit an das vereinte Deutschland gestellt, enthalten Lehre genug: Sowenig man sich für die Faktoren, die ein Land bestimmen, entschuldigen darf, sowenig kann man ihnen entfliehen.

Das Spiel um Deutschlands Stellung in der Welt – »Soll es eine Rolle spielen, soll es nicht?« – mochte in jener Übergangszeit gespielt werden, in der die Beschaulichkeit der alten Bundesrepublik nachlebte. Tatsächlich war auch diese weit mehr gefordert als eingestanden. Warum sonst hätte sich schon 1988 ein SPD-Parteitag mit der Frage der Blauhelme befaßt und diese zurückgewiesen? Am Ende aber wirkte immer der Hinweis, daß man – der Geschichte und der Teilung eingedenk – kein Staat wie jeder andere sei. Die Abkehr von den Insignien auch der äußeren Macht ist nicht erst eine Erscheinung des vereinten Deutschland. Nur fallen die politischen Folgen heute ins Gewicht – für das Land selbst und für die europäische Zukunft.

Der Zusammenhang ist augenfällig: Als die Sozialdemokratie den Weg der Erneuerung beschritt und die Dogmen hinter sich ließ, um die Dinge dieser Welt regeln zu helfen, wurde zum erstenmal in der Geschichte der Linken in Rechnung gestellt, daß auch zwischen den Staaten sich nichts von selbst regelt und mit dem Schwur auf einen ewigen Frieden noch nichts getan ist. Ob die Partei in jenem Augenblick noch zur Linken zählte oder nicht, sichtbares Zeichen war das Ja zur Bundeswehr und damit auch zur militärischen Westbindung.

Zuvor hatte stets der Grundsatz gegolten, daß die beste Außenpolitik keine sei. Ein Grundsatz, der in jenem positiven Menschenbild wurzelte, das auf die Staaten und deren Lenker übertragen wurde und von der Harmonie in der Welt handelte. In dem frühzeitigen Ruf nach einem kollektiven Sicherheitssystem lebte es ebenso wieder auf wie in der Verabsolutierung der KSZE und der Verlängerung des Gorbatschowschen Entspannungswillens in alle Zukunft. Und schlug es sich nicht auch nieder in der Unterstellung, daß der Golfkrieg mit vernünftiger Rede und ohne kriegerische Drohung zu vermeiden gewesen sei?

Es war auf diesem wie auf dem inneren Feld. Die Scheu, das Gewicht des eigenen Landes zusammen mit den Realitäten zur Kenntnis zu nehmen, in die Deutschland eingebettet ist, schränkte die Einflußmöglichkeit ein und höhlte die Vertrauensbasis weiter aus.

Wie war es doch gewesen, als die äußeren Aspekte der Einheit noch lauter Fragen aufzuwerfen schienen? Das Sicherheitsinteresse der Sowjetunion wurde zum eigenen Maßstab, und daß Moskau die Zugehörigkeit des vereinten Deutschland zur Nato, die man selbst nicht wollte, nie billigen würde, zum Leitsatz. Hinweise, daß die Bundesrepublik keinen Anlaß habe, aus dem Nordatlantischen Bündnis auszutreten, und folglich die erweiterte Bundesrepublik ihm zugehöre, blieben ungehört. Den Gang der Dinge, in Washington wie in Moskau, verfolgte man nicht, und so war die Überraschung groß, als im Kaukasus, Juli 1990, die Wende eintrat. Von jenem Augenblick an war die Linke, die SPD eingeschlossen, auch außenpolitisch marginalisiert, und sie flüchtete sich nun in ein Europa, das noch auf keiner Landkarte eingezeichnet ist.

Neben der Demokratie im Innern hatte der Transfer von Souveränitätsrechten den Vollzug der nationalen Einheit erleichtert. Nirgendwo auf der Welt ist der Nationalstaat noch, was er in einem anderen Jahrhundert gewesen war, im europäischen Westen am allerwenigsten. Aber deswegen besteht er doch fort und ist weiterhin der Grund, auf dem die internationale Ordnung ruht und Europa Gestalt annimmt. Europa war nie als ein Schmelztiegel gedacht, sondern als ein Staatenbund, in dem die Nationen sich auf vielfältige und unauflösliche Weise miteinander verbinden und doch ihre Eigenständigkeit nicht aufgeben.

Europa setzt kraftvolle Nationen voraus, Nationen, die sich selbst und den anderen verantwortlich sind. Jeder Blick über die deutschen Grenzen hätte beizeiten gelehrt, daß es überall so gesehen und nirgendwo eine deutsche Ausnahme verlangt wurde. Auch unter den Einheitsgegnern war oft und gern Umschau gehalten worden, doch das, was man wahrnahm, war wieder einmal einer eingebildeten Wirklichkeit entnommen und dazu angetan, die eigene Willenlosigkeit zu legitimieren.

Den Gesetzen der Verweigerung hat die Geschichte noch nie gehorcht, doch bisweilen denen der Extreme, die sich wechselseitig begünstigen. Es steht nicht in der Macht der Deutschen, sich kleiner und ärmer zu machen, als sie sind, und dem großen Welttheater zuzuschauen. Es steht sehr wohl in ihrer Macht, nicht alle Wechsel anzunehmen, die präsentiert werden. Voraussetzung: Ein Wort über die Verantwortung in der Welt und die Art, in der sie wahrgenommen werden soll. Andernfalls ist ein Umschlag der Stimmung im Land nur eine Frage kurzer Zeit.

In der deutschen Ortsbestimmung hat die Linke eine Stimme, nicht die erste, und auch werden die Auseinandersetzungen im liberalkonservativen Regierungslager die größere Tragweite haben. Aber auch was links geschrieben und geredet wird, wirkt nach außen. Im übrigen ist es, wie es immer war: Gerade in den wahrhaft nationalen Fragen sind die politischen Kräfte aufeinander bezogen. Sie sind es auch dann noch, wenn sie sich wechselseitig, ob bewußt oder nicht, als Versteck benutzen. Die Verfassung dient mehr als einer Seite zum Vorwand, einen klaren Willen nicht äußern zu müssen. Wie lange wird er halten, und wer wird das Nachsehen haben und sich neuerlich isolieren, wenn die Weltläufte nicht aufzuhalten sind?

Wozu dient Macht? Nur zum Bösen oder auch zum Guten? Die Linke meint, zum Bösen, und wahrt folgerichtig Abstand. Der neuerliche Abschied von diesem Wahn würde die Linke zwar nachhaltig spalten, aber der deutschen Politik Gewinn bringen.

Anmerkungen

1 Peter Glotz, Der Irrtum des Nationalstaats. Europäische Reden an ein deutsches Publikum. Stuttgart 1990 S. 22
2 Interview in der FAZ vom 14.2.1991
3 Pressemitteilung der SPD vom 19.3.1990
4 In: Politik. Informationsdienst der SPD, Nr. 3 August 1987
5 zit. nach Tilman Fichter, Siegward Lönnendonker. Kleine Geschichte des SDS. Der Sozialistische Deutsche Studentenbund von 1946 bis zur Selbstauflösung. Berlin 1977 S. 56
6 Deutschlandplan der SPD. Kommentare, Argumente, Begründungen. o.O., o.J. (1959)
7 Julius Leber, Die Todesursachen der deutschen Sozialdemokratie. In: J. L. Schriften, Reden, Briefe. Hrsg. von Dorothea Beck und Wilfried F. Schoeller. München 1976 S. 179-246
8 Briefe Erich Ollenhauers an Marie Juchacz und Erich Lindstaedt vom 23. bzw. 25.10.1945. In: Archiv der sozialen Demokratie. Bestand Emigration-Sopade M. 85
9 Leber a.a.O. S. 233
10 Mdl. Mitteilung von Alfred Nau 1982
11 Godesberger Programm in: Programmatische Dokumente der Deutschen Sozialdemokratie. Hrsg. von Dieter Dowe und Kurt Klotzbach. Bonn 1990 S. 349-370

12 zit. nach Fichter/Lönnendonker a.a.O. S. 56
13 Protokoll der Verhandlungen und Anträge vom Parteitag der Sozialdemokratischen Partei Deutschlands in Hannover. 21. bis 25. November 1960. Hannover. Bonn o.J.
14 Parteitag der Sozialdemokratischen Partei Deutschlands vom 1. bis 5. Juni 1966 in Dortmund. Protokoll der Verhandlungen. Anträge. Hannover. Bonn 1966
15 Rede Willy Brandts vor dem Bundestag. 1.9.1989. In: W. B., »... was zusammengehört«. Reden zu Deutschland. Bonn 1990 S. 15-23
Egon Bahr vor dem 88. Bergedorfer Gesprächskreis 6./7.9.1989. Auf dem Wege zu einem neuen Europa? Perspektiven einer gemeinsamen westlichen Ostpolitik. Protokoll S. 62. Ähnlich in: Der Spiegel vom 16.10.1989
16 Sozialdemokratie und Kommunismus. Beschluß von Parteivorstand, Parteirat und Kontrollkommission vom 14.11.1970. Pressemitteilung der SPD vom 16.11.1970
17 SPD: Pressemitteilungen und Informationen vom 11.12.1970
18 Thomas Blanke, Einleitung zu: DDR – ein Staat vergeht. Hrsg. von Thomas Blanke und Rainer Erd. Frankfurt am Main 1990 S. 7-22 zit. S. 8
19 Wolfgang Thierse in: Neue Gesellschaft/Frankfurter Hefte 2(1991) S. 122-131 zit. S. 123
20 Joschka Fischer, Hurra, Deutschland! In: Der Spiegel vom 1.10.1990
21 Patrick Süskind, Deutschland, eine Midlife Crisis. In: Der Spiegel vom 17.9.1990
22 Karl Schlögel, Politik als Herausforderung – und Überforderung. In: Neue Gesellschaft/Frankfurter Hefte 11(1990) S. 976-981 zit. S. 976
23 Jürgen Habermas, Nachholende Revolution und linker Revisionsbedarf. Was heißt Sozialismus

heute? Ders., Nochmals: Zur Identität der Deutschen. Ein einig Volk von Wirtschaftsbürgern? In: J.H., Die nachholende Revolution. Frankfurt am Main 1990 S. 179-204 und 205-224

24 Vgl. Klaus Hartung, Neunzehnhundertneunundachtzig. Ortsbesichtigungen nach einer Epochenwende. Frankfurt am Main 1990, und Thomas Schmid. Staatsbegräbnis. Von ziviler Gesellschaft. Berlin 1990

25 Ulrich K. Preuß. Revolution, Fortschritt und Verfassung. Zu einem neuen Verfassungsverständnis. Berlin 1990 S. 87

26 Hartung a.a.O. S. 183

BRIGITTE SEEBACHER-BRANDT

geboren 1946, studierte in Bonn, Köln und Berlin Germanistik und Geschichte. Sie arbeitete bei Radio Bremen und beim Sender Freies Berlin, wurde 1972 Sprecherin der Berliner SPD und ein Jahr später Chefredakteurin der SPD-Parteizeitung »Berliner Stimme«. 1984 veröffentlichte sie im Siedler Verlag die Biographie »Ollenhauer. Biedermann und Patriot«, 1988 legte sie eine Bebel-Biographie vor.

Andreas Hillgruber

ZWEIERLEI UNTERGANG

3. Auflage · 112 Seiten, Leinen

Peter Graf Kielmansegg

LANGE SCHATTEN

Vom Umgang der Deutschen mit der nationalsozialistischen Vergangenheit

104 Seiten, Leinen

Werner Knopp

WOHER, BERLIN, WOHIN?

96 Seiten mit 10 ganz- und doppelseitigen Abbildungen, Leinen

Hermann Lübbe

POLITISCHER MORALISMUS

2. Auflage · 128 Seiten, Leinen

Christian Meier

POLITIK UND ANMUT

124 Seiten mit Abbildungen, Leinen

Thomas Nipperdey

WIE DAS BÜRGERTUM DIE MODERNE FAND

96 Seiten, Leinen

Karl Schlögel

DIE MITTE LIEGT OSTWÄRTS

2. Auflage · 128 Seiten mit Abbildungen, Leinen

Helmut Schmidt
Vom deutschen Stolz
Bekenntnisse zur Erfahrung von Kunst
2. Auflage · 96 Seiten, Leinen

Hagen Schulze
Die Wiederkehr Europas
80 Seiten, Leinen

Hagen Schulze
Gibt es überhaupt eine deutsche Geschichte?
80 Seiten, Abbildungen, Leinen

Wolf Jobst Siedler
Auf der Pfaueninsel
7. Auflage · 104 Seiten mit Abbildungen, Leinen

Wolf Jobst Siedler
Lob des Baumes
80 Seiten mit Abbildungen, Leinen

Wolf Jobst Siedler
Wanderungen zwischen Oder und Nirgendwo
4. Auflage · 144 Seiten mit Abbildungen, Leinen

Michael Stürmer
Scherben des Glücks
104 Seiten mit Abbildungen, Leinen

Henry A. Turner
GEISSEL DES JAHRHUNDERTS
Hitler und seine Hinterlassenschaft
96 Seiten, Leinen

Peter Wapnewski
LIEBESTOD UND GÖTTERNOT
104 Seiten mit Abbildungen, Leinen

Richard v. Weizsäcker
VON DEUTSCHLAND AUS
Reden des Bundespräsidenten
13. Auflage, 112 Seiten, Leinen

Bernhard Wördehoff
FLAGGENWECHSEL
Ein Land und viele Fahnen
108 Seiten mit Abbildungen, Leinen

Der Siedler Verlag ist ein gemeinsames Unternehmen der Verlagsgruppe Bertelsmann und von Wolf Jobst Siedler.

CIP-Titelaufnahme der Deutschen Bibliothek

Seebacher-Brandt, Brigitte:
Die Linke und die Einheit/Brigitte Seebacher-Brandt.
1. Auflage – Berlin: Siedler, 1991 (Corso bei Siedler)
ISBN 3-88680-375-9

 Satz: Bongé + Partner, Berlin. Ausstattung: Brigitte und H. P. Willberg, Eppstein/Ts. Druck und Buchbinder: Clausen & Bosse, Leck.
Printed in Germany 1991.
ISBN 3-88680-375-9